BENICÀSSIM, ENTRE LA MAR Y LA MONTAÑA

Poemario crepuscular

Joaquín Beltrán de la Serra

COLECCIÓN ITES

BENICÀSSIM, ENTRE LA MAR
Y LA MONTAÑA. POEMARIO CREPUSCULAR

© Joaquín Beltrán de la Serra
© de esta edición: Olé Libros, 2024

ISBN: 978-84-10053-28-1
Depósito legal: V-2236-2024
Impreso en España

KALOSINI, S. L.
Grupo editorial olélibros
equipo@olelibros.com
www.olelibros.com

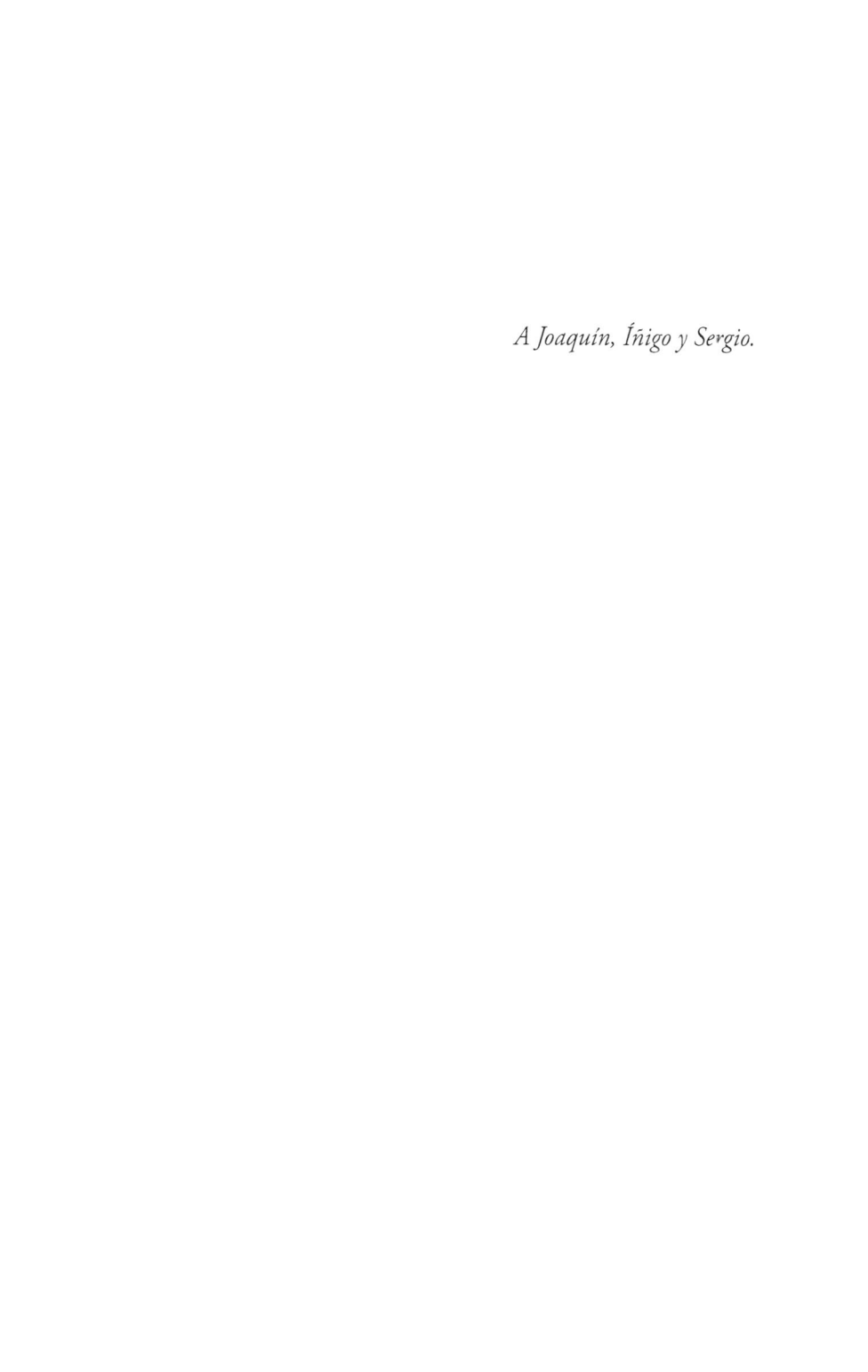

A Joaquín, Íñigo y Sergio.

[…] nosotros, los poetas, no podemos recorrer el camino hacia la Belleza sin que Eros se nos una y se erija en nuestro guía; […] pues lo que nos enaltece es la pasión, y nuestro deseo será siempre, forzosamente, el amor: tal es nuestra satisfacción y nuestro oprobio. ¿Comprendes ahora por qué nosotros, los poetas, no podemos ser sabios ni dignos? ¿Comprendes por qué tenemos que extraviarnos necesariamente, y ser siempre disolutos, aventureros del pensamiento?

Thomas Mann, *Muerte en Venecia*

PROLEGÓMENOS

El porqué
de mi expresión poética

Es evidente que he llegado tarde a la poesía, pero no debe atribuirse a que la desconociera, me disgustara o la menospreciara. Jamás me planteé semejantes supuestos, todo lo contrario. Aún recuerdo que, gracias a las canciones de la denominada (hace mucho tiempo) música ligera que me enseñaba mi hermana, se despertó en mí el gusto por ella y cierta inclinación a la belleza bastante antes de los quince años, y no mucho después descubrí que Lorca expresaba sus sentimientos y los plasmaba de forma diferente y muy original, sugerente y bella. Más tarde, mientras estudiaba lenguas clásicas en la Universidad Complutense en la década de los sesenta, leí en su lengua original a autores como Homero, Lucrecio, Virgilio, Horacio, Catulo u Ovidio, que dejaron en mí una notable influencia, al tiempo que me familiaricé con otros de la generación del 27. Sin embargo, he de reconocer que, a diferencia de mis compañeros, conocidos o familiares, jamás se me ocurrió enhebrar poemas iniciáticos que trasmitieran mis emociones juveniles o los sentimientos hacia alguna muchacha que hubiese hecho palpitar mi corazón o mi sensibilidad hacia la propia naturaleza.

Por otra parte, no voy a negar que la composición poética se me antojaba como una tarea de muy difícil acceso, reservada tan solo para mentes con unas aptitudes distintas a las del resto de escritores, que recibían una inspiración especial o el influjo de las musas mitológicas, razón por la que cualquier intento por adentrarme en ese mundo fracasó estrepitosamente, y el resultado fue que me quedé como mero sujeto pasivo, es decir, como un simple lector.

Además, las tareas universitarias de mi etapa laboral llegaron a absorberme hasta tal extremo que me impidieron diversificar mi trabajo y encauzarlo hacia otros horizontes ajenos a la docencia. Fue a partir de mi jubilación cuando empecé a prestar más atención a la lectura de determinadas obras que habían quedado pendientes, entre las que se encontraban las poesías de Rilke, hacia el que, sin poder adivinar los motivos concretos, sentía una especial inclinación. En esos momentos no se me ocultaba la dificultad para el lector, sobre todo en una versión distinta a la original alemana, de sus *Elegías del Duino* y los *Sonetos a Orfeo*, pero no cabe duda de que surgieron como fruto de una inspiración extremadamente lúcida, algo que para mí representaba un reto a todas luces inalcanzable.

Ignoro si realmente soy poeta. Serán otros quienes emitan el veredicto. Lo único que ahora mismo puedo asegurar es que, cuando estaba componiendo lo que solemos llamar versos, no me sentía atraído e impulsado ni por conseguir la isosilabia, ni por la rima tradicional, aunque es verdad que suelen aparecer más de lo deseado, sobre todo, en los primeros poemas. Simplemente pretendía encontrar un ritmo adecuado y sin vértigo aparente, mediante la combinación de bisílabos, trisílabos y cuatrisílabos, si bien, de cuando en cuando, también aparecen algunos pentasílabos. No se puede negar que me he dejado influir por el hexámetro virgiliano, cuyos finales preferidos combinan trisílabos y bisílabos, o al revés. Pero también se podría hablar de las denominadas «cláusulas ciceronianas» tan habituales en sus discursos. Lo que trato de trasmitir, desde un punto de vista formal, obedecería a lo que se llama «poesía libre», ajena a cualquier otra atadura formal que no sea el ritmo interno. Cuando estamos recordando nuestras vivencias pasadas o trasmitiendo las sensaciones que nos produce la visión de nuestro entorno actual, siempre aparecen momentos, situaciones y realidades que nos impactan o nos seducen más que otros, razón por la que he querido que quedaran reflejados de alguna manera en algunos poemas. Por eso, me atrevería a encasillarlos en una supuesta o hipotética «poesía impresionista», porque dichos poemas no son más que el reflejo de impresiones momentáneas que capto del mundo que me rodea, aunque también aparecen poemas más diacrónicos o descriptivos, como por ejemplo: «Mi poesía», «La montaña mágica», «El desert y el tiet», etc.

Con frecuencia me he preguntado si existe la inspiración poética y, en caso afirmativo, si es posible desvelar en qué consiste. Pero lo que no debo ocultar es que no todos los días tengo la misma disposición a escribir eso que llamamos poemas. Dicho de manera más coloquial: no siempre estoy inspirado. Sin pretender ahondar en el tema ni descubrir o forjar una nueva teoría de la inspiración poética me fijaré tan solo en un ejemplo real: Rilke empezó a escribir las *Elegías del Duino*, en el castillo de Duino, Trieste, pero pronto abandonó el proyecto sin saber muy bien la razón; al cabo de los años lo reemprendió y lo acabó, por fin, en 1922 en el castillo de Muzot, Suiza.

Este hecho da respuesta, creemos, a la pregunta inicial. ¿Sería muy recurrente apelar a la inspiración divina platónica o a la supuesta ayuda de las musas? Pero ni el propio Aristóteles concede excesiva importancia a la inspiración. El poeta romano Horacio, en la *Epístola a los Pisones*, distingue entre el arte y el ingenio o talento del poeta. Pero es Cicerón, (frustrado poeta, por lo demás), en su defensa del poeta Arquias, quien afirma que «el poeta saca sus fuerzas de su propia naturaleza y es movido por un impulso interior e inspirado por una suerte de espíritu divino» (*pro Archia* 28), con lo que no hacía más que seguir la tradición griega. Mi opinión apunta a la disposición psicosomática del propio poeta y al impacto que recibe del mundo que lo rodea.

Si nos atenemos al título general, debo aclarar que se debe a que la mayor parte de los poemas han sido redactados en el apartamento de la calle Baladres en las Villas de Benicàssim, con un entorno que ha influido poderosamente en mí, no solo porque desde 1980 nos trasladamos allí los veranos y parte del otoño, sino también por los recuerdos que me invaden de haber pasado, en la finca de viñedos que mi tía Teresa Tirado tenía cercana al actual Torreón cuando apenas alcanzaba yo los diez años, un memorable verano hacia finales de la década de los cuarenta, en compañía de mi hermana, de los primos Tomás y Carmen Llorens y de Josefina, además de la propia tía. Añadamos también, el mágico entorno que me envuelve, con esas cálidas aguas marinas por una parte y por otra una verde montaña protectora, y que han sido factores determinantes para que los poemas hayan llegado a ser una realidad. Todo surge a partir de los pensamientos que se me agolpan mientras paseo cada mañana, en compañía de Cristina, desde la playa del Voramar hasta la del Torreón pasando por la de la Almadrava[1].

Para estructurar el poemario diré que he dividido el presente volumen en ocho apartados: I Amores de juventud y reflexiones crepusculares; II El anhelo de una montaña mágica; III Mujeres y niñas; IV Hombres y niños; V Recuerdo de los amigos que nos han dejado; VI El último suspiro desde Castelló; VII Verano del 23; VIII El otoño caluroso.

Si me permito la licencia de ir desgranando el sentido y el significado de cada uno de los poemas, se debe al hecho de que sirva de mera ayuda al lector que lo necesite, jamás al deseo de inmiscuirme en el ámbito de la recepción individualizada del poema en sí.

El apartado I se concreta en el relato de una frustración amorosa, en el que afloran señales inequívocas del dualismo catuliano *Odi et amo*, propio de una inexperta juventud. Sin tratarse de un discurso novelesco al uso, la imaginación desempeña un papel esencial, fraguando una sutil simbiosis entre ficción y realidad.

Los poemas describen tanto los estados por los que va pasando el perplejo enamorado como por el continuado, mortificante y aniñado desprecio que ha de soportar también muchos años después. Las reflexiones que va desgranando obedecen al recuerdo de un pasado lejano y borroso, que se alimenta tanto de los rayos, a menudo deslumbrantes y cegadores, de una fogosa imaginación completamente condicionada por el odio que generó en su momento la ruptura, como también del poso que quedó de un amor juvenil y sincero que había enardecido su alma.

---

[1] Es la denominación valenciana del español almadraba, y que da nombre al tramo central de la playa de Les villes de Benicàssim.

El poema 1 describe cómo el incauto y despechado enamorado renuncia, ya en la etapa última de su existencia, a tomar represalias porque el paso del tiempo todo lo confunde. Tan solo recuerda, desde una óptica muy lejana ya, la intensidad y la fuerza de un sorprendente amor de juventud, apelando como terapéutica de aquella frustración a una inquebrantable templanza y a los consejos de un fiel amigo.

El poema 2 puede dividirse en dos partes. En las primeras cuatro estrofas se relata cómo unos ojos claros, sin precisar si eran verdes o azules, cautivaron al enamorado hasta el punto de convertirse en mero juguete en manos de la amada. Su inexperiencia en el campo amoroso lo condujo a un estado de total inacción, mostrando una debilidad tan notoria que todo acabó en un callejón sin salida. Por otra parte, las dos últimas estrofas inciden expresamente en unos tiempos duros y difíciles que empujaron a la amada a tomar una decisión drástica y buscar otros derroteros amorosos, al no encontrar una expectativa viable en conjunción con el débil enamorado.

El poema 3. Después de haber leído el *Primer Réquiem* de R. M. Rilke y tan solo para recordar a este excepcional poeta, el enamorado enhebró estos sutiles versos que nada tienen que ver con dicho réquiem, aunque mucho que envidiar. En esos seis versos se recuerda a la amada que no todo se puede borrar de los momentos mágicos de una relación, aunque haya sido efímera, porque existe la posibilidad de que, en alguno de los dos, dicha relación haya dejado una huella imborrable. En el caso presente se trata de unos ojos y de su mirada diáfana y penetrante. No sería, ni mucho menos, la primera vez que se haya cantado a unos ojos hermosos que dejaron una huella indeleble en un escritor.

De nuevo vemos, en el poema 4, un elemento esencial y recurrente en la poesía de Rilke como telón de fondo: la presencia del ángel. Esencialmente se reprocha a la amada (que no enamorada) su decisión equivocada al preferir un nuevo camino totalmente desconocido, y de echarse inconscientemente en los brazos del ángel malo, ignorando si algún día llegará el bueno.

En el poema 5, se juntan de nuevo dos elementos: los lamentos y las reflexiones que han suscitado en el enamorado el fatídico abandono. Primero, culpa al imperio de la materia como factor determinante del hecho, porque fue precisamente ella la que impidió descubrir y dimensionar adecuadamente el tiempo. Qué es la materia, se pregunta el enamorado. Una simple falacia, un engaño, responde instintivamente. Éste, a su vez, se ufana de haber albergado, aunque solo haya sido por un instante, su «alma virgen, volátil y etérea». Compara su alma con el éter al vagar libre y totalmente perdida por el espacioso cielo. Por fin, el enamorado de antaño se alegra de que ella ahora haya encontrado refugio y amparo en el seno de otra alma.

En el ocaso de la vida se pregunta el enamorado (poema 6) cómo se ha fraguado el origen de su inspiración poética. Tal vez en el dualismo odiar/amar que tan concisa y magistralmente define el poeta latino Catulo de Verona. El germen de la poesía jamás debe buscarse en el odio porque sería una aberración inexplicable, pero sí en el desprecio, un desprecio que estuvo íntimamente ligado con el amor pasajero.

Humorada, en el poema 7, redactada en verso, como recuerdo de un fatídico mes de mayo. Porque es cierto que ella no era perversa, aunque sí una hermosa muchacha con un sinfín de inquietudes.

¿Qué es la vida, se pregunta el enamorado en el poema 8? Un puro suspiro del que tan solo nos quedan los bellos recuerdos (también algunos especialmente malos, con trances amargos). De nuevo aparece el poeta Rilke, recogiendo un fragmento de un poema del *Libro de las imágenes*. La comparación con el inmenso poeta es pura fantasía y simple imaginación, un deseo, creo, un tanto obsceno. La conclusión del poema nos induce a pensar que no hay que vivir de sutilezas y quimeras, sino, pura y llanamente, adaptarse a la realidad.

En el poema 9, se hace una reflexión sobre la insatisfacción humana, deseando siempre lo que no tenemos, incluso cuando lo poseemos todo. Solo el tiempo nos demostrará si lo que hemos elegido es el camino más adecuado para nuestras vidas.

En el poema 10, el enamorado le recuerda a la amada que la decisión tomada ha sido precipitada, seducida, tal vez, por vanas ilusiones. Ilustra el poema con ejemplos de la mitología clásica. A menudo los árboles no nos dejan ver nítidamente el bosque y sus ramas nos impiden descifrar la voluntad de los dioses. Estos jamás se dejan engañar y su voluntad siempre prevalece y está por encima de los deseos humanos.

Pura metáfora es el poema 11 con el mar como telón de fondo. El amante querría confundirse con la amada, siendo como somos fugaces sombras que tan solo anhelan el brillo mundano, cegados por el potente resplandor que emana de las estrellas.

El poema 12 es la continuación o el resultado del anterior, aunque el encabezamiento habla de ilusiones, recuerdos y meros deseos. Lo cierto es que habría que descubrir si se refieren a un pasado reciente o el lector debería enmarcarlos en el ámbito de la pura ficción. En cualquier caso, sí aparece bastante claro el ferviente deseo del enamorado de que la amada encuentre lo antes posible la dicha y la felicidad.

El poema 13 es un canto desesperado a la esperanza. El infausto enamorado desea fervientemente recibir noticias de la despreocupada amada, unas noticias que jamás llegan. Esa situación tan prolongada hace que la esperanza se vaya quebrando y la inspiración se vaya marchitando lentamente. Tras cuarenta días de inútil espera, la situación desemboca en rabia, dolor y desesperanza completa.

Se idealiza en el poema 14 una supuesta musa que camina por un mundo onírico demasiado alejado de la realidad. Los anhelos del abatido enamorado jamás llegaron a buen puerto, tal vez porque sus sentimientos siempre respetaron, muy probablemente de forma equivocada, los valores favoritos de su musa, a la que compara con la mitológica ninfa Eurídice que camina sin rumbo fijo entre las sombras deseando un himeneo imposible.

Anteriormente, en el poema 5, se jugaba con una confrontación menos banal entre el cuerpo (que ahora llamamos materia) y el alma, que ahora correspondería al espíritu del presente poema 15. Aunque se detallen las correspondientes características de uno y de otra y aparezcan como factores diferenciados, en el suspiro final se concluye que la dependencia es mutua y la diversidad se plasma en lo visible e invisible.

De nuevo, el enamorado recurre, en el poema 16, a la esperanza como tema poético y se lamenta de los escollos y dificultades con que se topan los versos del enamorado para llegar a su destino, pero lo más amargo de todo es obtener como respuesta la muda indiferencia. La ingenuidad, distintivo del hombre de buena voluntad, constituye el objetivo del ángel de la muerte.

Con el poema 17 da comienzo una trilogía de esa inmensa metáfora que es el mar. Ese mar, que también era camino para los antiguos griegos porque nos conducía hasta el destino deseado, en la presente trilogía se sustancia y se transforma en un conjunto de sensaciones experimentadas en distintos momentos de la vida del enamorado. Pero ese mar también es el símbolo de la esperanza, de la esperanza de aquello que asemeja imposible. La aparente irracionalidad de esa mar, intensa y bravía, es lo que seduce al enamorado que lamenta la pérdida de una ninfa a la que jamás vio nadar. El ejemplo que aporta en este primer envite proviene de la mitología griega y en él se refiere a la boda de Neptuno, dios de los mares, y de la ninfa Anfítrite resaltando la trascendencia de los veloces delfines para que tuviera lugar la divina boda frente a los revoltosos tritones.

En el segundo, el 18, se describen las características de esa mar tan desconocida para un nadador bastante torpe que, como cada verano, se reencuentra con ella mostrándole su habitual indiferencia, aunque ese pormenor nada parece importar al inexperto y enamorado nadador, dispuesto como nadie a abrazarse a ella y morir en la gloria.

Cierra la trilogía el poema 19, en el que se pueden escuchar los lamentos de alguien que ha sido inquietado y perturbado por el fragor y el furor de una mar que le trae recuerdos de tiempos pasados. La vejez solo vive de recuerdos confusos. Con todo, el enamorado añora las olas bravías de la hermosa juventud. Pone fin al poema con un amargo recuerdo a la cruel e insensata guerra de Putin, que no genera más que muerte y destrucción, y la contrapone al pan que nos da la vida.

Los malos consejos confundieron, en el poema 20, a la candorosa amada que tristemente se debatía en un mar de dudas, desembocando al fin en una decisión equivocada e inútil. ¿Será un simple sueño este poema o responderá a una suposición sin ningún tipo de fundamento, o tal vez ninguno de los dos? El lector deberá intuir la respuesta adecuada.

El último poema, el 21, incide nuevamente en ese binomio tan manido de sueño/realidad, tomando como base personajes de ficción y de la vida real, como Nausica, Praxíteles y Boticelli, culpándoles de su innecesario sufrimiento, cuando sabemos que los sueños tan solo son sueños.

El apartado II se compone solo de cuatro poemas. Su temática gira sobre las montañas que rodean la villa de Benicàssim. El autor concluye, en el primero de ellos, hermanando el mar y la propia montaña, si bien aquí no solo se describe la cordillera que plácidamente irrumpe en el mar y se abraza finalmente con él. Al parecer el poeta conoce muy bien la vegetación de dicha cordillera o, al menos, de parte de ella.

El segundo, gira en torno a lo que a los nativos beniseros les ha dado por llamar «Agujas de santa Águeda». Se sitúan en la parte oeste de la población y algunos dicen que les sirve de manto protector. Varias veces han sido pasto de las llamas, pero milagrosamente se han regenerado con increíble rapidez, gozando en estos momentos de una envidiable vegetación. Quien escribe el poema recuerda el incendio de los años cuarenta cuando era un niño de corta edad, y también las veces que las ha escalado. Insinúa que hay algo mágico en sus puntiagudas crestas que dan esplendor al pueblo al tiempo que piensa que son su icono más emblemático.

En el tercero, el *Desierto de las Palmas* sirve de base para recordar a su tío muy querido, que recorría a pie varios kilómetros desde el molino familiar para escalar hasta el monasterio de los frailes carmelitas y cumplir con el precepto de la religión católica de «de confesar y comulgar una vez al año». Mi tío materno era un sabio, aunque sin estudios, pero también un santo que llevó una vida en el anonimato más completo y llena de actividad y amor a los sobrinos y a la naturaleza. Me legó el bastón de peregrino y algunas botellas de licor carmelitano que, durante los años de peregrino, compraba en las destilerías de Benicàssim.

En el cuarto poema, con especial referencia de nuevo a las montañas que rodean la ciudad, se describen las distintas visiones mutantes de las Agujas de santa Águeda cuando uno se desplaza en coche desde Castelló a Benicàssim, concluyendo que todo es cuestión de perspectiva.

El apartado III agrupa igualmente cuatro poemas, muy diversos entre sí, pero con el mismo denominador común, la mujer. El primero elogia las virtudes de una compañera de profesión en sus distintas facetas, como madre hacendosa, como profesora, estudiosa e investigadora, pero también como activa promotora de tareas de solidaridad ciudadana.

El segundo poema recuerda el suceso más doloroso y, a la vez, repugnante perpetrado por alguien que se preciaba de ser su padre, pero sin reparar en que el verdadero padre jamás puede convertirse en vil asesino de sus propias hijas. Fue un hecho que conmocionó a la sociedad entera, no acostumbrada a semejante atrocidad: dos ángeles fueron arrojados por un inmundo criminal al fondo del mar.

Los dos últimos poemas están dedicados al gran amor que lo ha acompañado durante toda su vida. En el primero de los dos se recurre al tema del ángel, tan presente en la obra de Rilke, finalizando con el amor eterno como punto de encuentro. En el segundo, se intenta hacer una aproximación de lo que es el amor cuando la fuerza física ha menguado hasta límites insospechados durante la vejez.

El apartado IV está compuesto por cinco poemas. Los dos primeros expresan la misma idea, aunque el segundo de ellos presenta unas mínimas variaciones para que pudiera leerlo la nieta del escritor, Paula, de ocho años, al final de la comida familiar que tuvo lugar en un conocido restaurante de Benicàssim para conmemorar el ochenta cumpleaños del escritor. En ambos se lamenta la fugacidad del tiempo, con evidentes reminiscencias del *irreparabile tempus* virgiliano, y también se recrimina al maldito coronavirus por permitirnos solo besos y abrazos virtuales.

El tercer poema narra la historia (¡quién sabe si quimérica o real!) de un niño que, de manera inconsciente y empujado por su inocencia mezclada con cierta dosis de idealismo infantil, entra en un cenobio para servir a los hombres como sincero pastor de almas. De nuevo aparece como tema recurrente el ángel. Dicho niño fue inducido con total impunidad a reconocer y confesar maldades y despropósitos que él jamás había cometido. El castigo que se le impuso fue desproporcionado, pero él lo asumió con inocente resignación. El niño, en esos momentos de su vida, estaba totalmente atenazado por el miedo cenobial y familiar pero también por una sociedad completamente desconocida, optando por el silencio como válvula de escape. Pero al fin hubo reacción, aunque demasiado tardía.

El cuarto poema describe los horrores de la guerra de Putin que, impunemente asesinaba niños, ángeles de Ucrania. Se contrapone la sonrisa de la inocencia frente a las miserables bombas que todo lo destruyen, incluida la propia vida. Irónicamente se apela a las lágrimas de una madre que intuía la maldad de su propio hijo, capaz de segar la sonrisa primeriza de un bebé, contraponiéndola con un inmortal verso de la IV *Égloga* de Virgilio.

El quinto y último se dedica a otro amigo, Antonio Baena, con el que Cristina y yo, añadiendo, además, a su mujer, hemos compartido memorables viajes, pero también hemos cultivado la verdadera amistad. He querido iniciar el poema imitando otro del inmortal García Lorca, andaluz como él. Sus orígenes hay que buscarlos en la Guardia Civil, y allí encontró a su mujer, Charo, que ahora está pasando por una penosa enfermedad. La bondad, la generosidad, la entereza, la sabiduría y otras muchas virtudes han brillado por encima de todo en este duro trance por el que está atravesando. Creo que su gran devoción a san Antonio de Padua le está manteniendo firme en sus convicciones.

En el apartado V se reúnen cuatro poemas en memoria de dos amigas y dos amigos, que nos dejaron, una de ellas hace unos años y el resto este mismo año. Todos ellos han estado relacionados, en mayor o menor medida, con el propio escritor y su familia. En el primero de ellos, redactado en el mes de julio del pasado verano, se recuerda la amistad con la profesora de inglés Pilar Navarro y los hitos por los que discurrió la finada. Era natural de Valencia capital pero afincada en Castelló desde hacía más de cuarenta años. El segundo de los poemas está dedicado a Ana Martí, natural igualmente de Valencia y afincada también en Castelló al haberse casado con Antonio Tirado, quien fue alcalde de Castelló durante la década de los ochenta. Con ambos compartimos veranos inolvidables en los apartamentos Skorpios de las Villas de Benicàssim en las décadas de los ochenta y noventa. Con Antonio Peris y Manuel Irún me unía la enseñanza del Latín y del Griego. En la Universidad Complutense de Madrid estudiamos la misma licenciatura en Lenguas Clásicas en la década de los sesenta y siempre fuimos buenos amigos hasta su último suspiro. Antonio era natural de Xàtiva y trabajó a lo largo de toda su vida en la edición de los *Sinónimos* de Isidoro de Sevilla para la editorial catalana Bernat Metge. En cambio, Manuel, que impartió docencia en varios institutos de Enseñanza Media recalando finalmente en el Francisco Ribalta de Castelló, además de la docencia organizaba viajes por toda Europa, primero para alumnos y profesores y, tras la jubilación, para los socios del Ateneo de Castelló. Con él viajé en autobús, avión y barco a diferentes países europeos y la amistad fue incrementándose con el tiempo. Él fue también quien me llevó de la mano al Ateneo y en esas sillitas que menciono del paseo marítimo de Les villes hemos pasado charlando alguno de los momentos más agradables de los calurosos veranos.

El capítulo sexto agrupa tan solo nueve poemas redactados en ocho meses aproximadamente, en concreto desde el otoño de 2022 hasta finales de junio de 2023, fecha en la que habitualmente nos trasladamos a la residencia veraniega. ¿A qué puede deberse tan escasa cosecha? Las razones no están demasiado claras porque, durante el período otoño-invierno-primavera, gozamos de bastantes más horas de recogimiento, de tranquilidad y de concentración para dedicarse uno a la escritura. Puede que sea verdad semejante supuesto, pero, a mi modo de ver, lo que me ocurre durante ese prolongado período es una exacerbante falta de inspiración. El irritante contacto con el asfalto, las cansinas reuniones nocturnas y la casi obligatoria asistencia a las conferencias entre las diversas actividades que nos abruman me afectan incomprensiblemente de manera negativa, entre otras razones porque me falta lo esencial, la cercanía del cálido mar, el contacto gratificante de su espuma y la visión de una montaña protectora, algo que no encuentro en el bullicio de una capital de provincia mediana. Esa es la única razón que considero válida para mí.

Los nueve poemas que he enhebrado durante ese largo período son de temas muy diversos. El primero de ellos es un alegato antiplatónico por su negativa a reconocer el legado poético de Homero y su trascendencia, aunque a veces lo cite en sus escritos filosóficos. No cabe duda de que alguno de sus reconocidos *Diálogos* rezuma poesía de principio a fin. Cuando uno lee *El Banquete* o *Simposio,* y también *El Fedro,* nadie pasa por alto la portentosa prosa poética en la que están redactados, porque los mitos y metáforas que en ellos se encuentran no pueden emanar más que de una mente dotada con el don de la poesía. ¿Será que un pensador tan profundo y clarividente como él no quiso someterse al formalismo y encasillamiento de la versificación y a sus juegos literarios?

El segundo de los poemas es otro implacable alegato contra la devastadora guerra, contrastándolo con la dulzura del amor histórico-literario y, en especial, con el amordolor de miles de madres que perdieron a sus hijos, víctimas inocentes de unas guerras que ellos jamás imaginaron. Mientras unos se llevan la dignidad (¡más bien la indignidad!) y la gloria, otros y otras encuentran la muerte, tanto física como moral.

El tercero, describe el fracaso de una pretendida consumación amorosa, que resulta bastante difícil descifrar si fue real o simplemente producto de un sueño. Puede reflejar un hecho o una realidad de aquella España de los años sesenta en la que estaba completamente prohibido practicar sexo al margen del matrimonio, tanto por los poderes religiosos como por los políticos y los familiares, y hasta resultaba muy arriesgado el mero hecho de intentarlo. Es conocido que se extremaba la vigilancia de los padres sobre las parejas de enamorados para impedir cualquier relación carnal, si bien el campo y la densidad del bosque siempre dejaron un resquicio a aquellos jóvenes intrépidos que anhelaban la libertad.

El cuarto es el más extenso de todos. Jamás fue mi intención escribir un poema que se me antojara interminable, pero el destino hizo que, de manera fortuita y espontánea, y tal vez un tanto descontrolada y arriesgada, brotaran en mi mente un rosario de ideas que paulatinamente se iban plasmando sobre el papel, sin que aquello pareciera no tener nunca fin. Aunque no quisiera que se tomara como una burda justificación, he de confesar que el poema fue redactado inmediatamente después de haber leído y releído el *Epitalamio* de Neruda que me había impactado profundamente. La inseguridad me ha atenazado siempre, pero es cierto que el vuelco que produjo en mí la lectura de otro poeta como Rilke me impulsó a componer algunos versos fuera de control, diríamos, aunque sin pretender jamás imitarlo porque su excelencia es simplemente inimitable. También es cierto que me dio alas y me enseñó a volar la lectura de otros poetas de renombre, cuya detallada enumeración sin lugar a dudas es expletiva, pero una vez redactados los versos finales pensé que ello podría considerarse como una especie de reconocimiento a su mágica labor en pro de la belleza y la dignidad humana, por lo que decidí que podían conservarse sin que ello significase el menosprecio hacia otros destacados poetas de habla hispana, inglesa, francesa, italiana, alemana, catalana o portuguesa.

En el poema quinto, parto de otro, compuesto y cantado por Amancio Prada, en el que se postula libertad completa para su amada siguiendo, al parecer, los dictados del insigne poeta Agustín García Calvo. A mí me sirve para discrepar de él y, a su vez, para exaltar la monogamia a pesar de que se trate de un excelente poema. Amor carnal y espiritual, dolor mutuo, llorar, reír son aspectos que se pueden compartir con alguien toda una eternidad.

El sexto, podría ser, hasta cierto punto, complementario del anterior ya que se invoca la desazón que se produce en nuestro interior, o tal vez cierta frustración, al no haber sido capaces de engendrar una niña. Pero también es cierto que los dioses jamás se olvidan de aquellos seres humanos que hayan tenido a lo largo de sus vidas un comportamiento ajustado a las normas. En este caso, el destino no le dio hijas a Cristina, pero sí dos nietas de perfil bien diferente: una, parecida a una Venus morena, la otra, en cambio, a la musa de la danza Terpsícore, por practicar dicha arte.

De los tres poemas finales, el octavo, en concreto, me lo sugirió la sorprendente visión y posterior compra de unas atractivas peras verdirrojas en el supermercado en el que acostumbro a aprovisionarme. El simple calificativo «cristal» es una pura metáfora sugerida tanto por su impactante brillo como por el chasquido que se producía cuando le dábamos los ansiosos mordiscos al comerlas a deshora encaramados en los troncos del peral, un ruido seco que todavía resuena en mi memoria y que asemejaba un cristal al romperse. Además, con la expresión «los niños del cañaveral» quiero referirme al conjunto de primos, casi todo ellos de edades parecidas, que pasamos una niñez un tanto asilvestrada en el ámbito bucólico de una fértil naturaleza que nos rodeaba en los años de la postguerra. Disponíamos de abundantes cañas que crecían en los márgenes de la acequia principal, denominada Vilamoncarro, y que nos servían de poderosas armas de guerra. Igualmente, nuestro memorable tío Roberto, obstinado viajero y amante de la naturaleza, había plantado unos cuantos ejemplares de bambú traídos de no se sabe dónde, que, con inusitada rapidez, se habían multiplicado y generado numerosos prototipos, de entre cinco y ocho centímetros de diámetro, en los que hábilmente nos encaramábamos gracias a la levedad de nuestras carnes y a la agilidad de nuestras piernas y brazos.

Los otros dos, el séptimo y el noveno, están relacionados con mi tema preferido, el mar, y más en concreto con ese tramo de playa, denominado Almadrava, que se encuentra a mitad de camino entre el hotel Voramar y el Torreón. El reencuentro en el nuevo año con el mar se concreta en la misteriosa Almadrava que el autor del poemario añoraba por no haberla visitado desde hacía varios meses. Como mera anécdota, se narra la presencia de dos gorriones que juguetean alegremente buscando alguna migaja de pan, pero en su huida se encuentran con una muralla de cemento y ladrillo.

Quince días después dicha playa recibe una nueva visita del escritor, pero se encuentra con un escenario muy distinto. El temporal había transformado su fisonomía convirtiéndola en una laguna salada, aspecto que disgusta y pone de malhumor al escritor, aunque confía en que pronto se restablezca la normalidad y vuelva a brillar como antes.

El capítulo séptimo aparece esplendoroso, como casi siempre: el mar y sus componentes, ya que, en siete de los dieciocho poemas, acapara la atención central y en algún otro aparece esporádicamente. Es el inicio del anhelado y reconfortante verano que insufla vida por todos lados, y tanto su radiante luz como su pegajoso calor me sirven de acicate para componer poemas detallando la magia de momentos estelares.

El primero pretende contar una historia interna de lo que fue y de lo que actualmente es el bloque de apartamentos Skorpios. Los más de cuarenta años que hemos veraneado allí son testigos de lo que antes fuimos y lo que ahora somos quienes tenemos la fortuna de seguir viviendo. Lo cierto es que, de aquella incipiente madurez, por lo demás feliz y juguetona, tan solo quedamos unos pocos troncos secos, el resto nos ha ido abandonando por el camino.

En el segundo, recojo unas efímeras reflexiones de lo que fue nuestra incipiente juventud, repleta de sueños, fracasos, deseos, dudas y muchos besos perdidos. A recordar todo eso, me ayuda la tranquilidad de una playa terapéutica y una montaña mágica.

El tercero surge cuando alguien me comunicó que un amigo común estaba pasando por unos malos momentos al verse afectado por un insufrible y enojoso dolor de hombros. En esos momentos no se me ocurre nada mejor que interpelar con toda firmeza al insoportable dolor para que deje de agobiar a la gente mayor. A mí también.

En el cuarto poema se reflejan parte de los pensamientos que de manera recurrente van apareciendo en la mente del escritor durante el paseo matutino por la orilla del mar, como es el caso del desaparecido Puerto Carpi; pero cuando empieza a adentrarse en el mar, sumergirse en el agua y echar la mirada atrás aparece esplendorosa la visión que ofrece Villa Victoria, amén de la Aguja más alta de santa Águeda, enmarcada en un supuesto cuadro por dos esbeltas y desiguales araucarias.

El quinto es un lamento del autor por la negativa de las musas a insuflarle la adecuada inspiración que, al parecer, no hace más que corroborar una pertinaz incapacidad que ya está durando demasiado. Como consecuencia de todo ello, el amante de la poesía se siente ninguneado en todo momento.

El sexto no es lo que aparenta ser, si nos atenemos a lo que se expresa en el poema desde su inicio. Simplemente, se trata de un alegato contra la falta de libertad. El progreso de la ciencia se retardó demasiado e incluso se penalizó por intereses espurios ajenos por completo a la ciencia. Pero en los tiempos actuales, que la libertad ha dado alas a ese desarrollo, sin embargo, paradójicamente, esa libertad se ha vuelto contra los mismos que la defendían al multiplicarse los mecanismos indetectables de control.

En el séptimo se elogia a la higuera, árbol que aparenta demasiado vulgar como para centrar nuestra atención en ella. Pero la atenta mirada eleva su categoría a lo más elevado del mundo vegetal por razones bien diversas: fue el árbol cuya sombra cobijó al reputado poeta de Orihuela Miguel Hernández durante los calores estivales; ella mereció también la atención de otro poeta, Rilke; sus sabrosos frutos llenan de dulzor el paladar de las gentes de la ribera mediterránea; sus grandes hojas se entretejen formando un espeso manto impermeable para los rayos solares, de manera que los campesinos alivian su pesada tarea cobijándose bajo su sombra; sus frutos se secan y se pueden comer hasta pasado el invierno; etc.

En el octavo poema se elabora imaginariamente el elogio de algo tan efímero y sutil como los diferentes tipos de nubes que se forman en verano, aunque no se describen todos, ni mucho menos. Porque ¿quién no ha soñado viajar placenteramente sobre una nube a lugares insospechados, pero también banales? Las dos últimas estrofas, en cambio, responden a dos visiones puntuales de dichas nubes en el horizonte marino y en una salida de la luna a finales del mes de julio, cuando todavía no se ha apagado el día y pequeñas nubes almendradas jalonan su aparición.

En el noveno, el autor aprovecha la presencia de los nietos para recordar su propia infancia, en la que nunca llegó a gozar del bullicio de las piscinas comunales ni del calor de las playas de fina arena, como afortunadamente pueden hacerlo los niños del presente. Pero también se menciona el vacío, algunas veces desolador, que dejan los nietos al marcharse a sus casas. Para muchos se trata de una paz engañosa.

El décimo incide de nuevo en el tema recurrente del mar. Su tranquilidad no solo invita al paseo por la orilla marina sino al baño reparador en unas aguas transparentes que posibilitan la visión del suelo, cuyas arenas no aparecen uniformes sino dibujando pequeños pliegues que no por eso dificultan el paseo marino. Pero lo más sorprendente de todo es la aparición de más de media docena de peces jóvenes, algunos de los cuales se presentan como tatuados con un distintivo negro, y que rodean a los bañistas sin sentirse amenazados. Sus acompasados movimientos alrededor de los pies humanos parece que estén urdiendo un baile marino.

En el poema undécimo, el escritor se lamenta amargamente por sentirse incapaz de coronar el monte como solía hacer antaño. Prefiere solazarse en el agua, cálida en exceso, a pesar de que su deseo utópico sería ensamblar ambas acciones.

En el duodécimo, volvemos a encontrar la almadraba como telón de fondo, tratado ya en los poemas 7 y 9 del apartado sexto y por motivos similares, debido a las tormentas veraniegas que destruyen y transforman su fisonomía habitual. El estado actual, similar a una pequeña laguna salada, devuelve al escritor a su infancia soñadora. Pero ahora las bandadas de gorriones se han multiplicado y buscan afanosamente comida en las inmediaciones del ser humano, en el paseo Pilar Coloma e incluso en la misma playa, aunque por el momento nada indica que puedan calmar su hambre y saciar su sed.

El poema decimotercero describe un fenómeno nocturno y muy curioso del mar, que alguna de las mañanas sorprende al paseante que camina por la orilla. Habitualmente es la esponjosa arena la que dificulta el paseo, como si se anduviera por un diminuto desierto, pero si durante la noche tiene lugar una especie de pleamar, de estilo y forma mediterráneos, y se encrespan las olas para estrellarse con cierta fuerza contra el litoral, su acción se prolonga unos cuantos metros sobre la irregular arena. Entonces el agua compacta y allana dicha arena que, a ojos del escritor, se asemeja a una autopista de arena, facilitando así el camino al viandante.

En el decimocuarto, se recurre de nuevo a los dos pilares que sustentan la musa y, al mismo tiempo, mi vida. Aprovecho para recordar alguna de las cunas de la poesía y la ciencia; o que el mar, lo mismo que para los antiguos griegos, era una llanura al tiempo que camino para buscar el sustento de la vida o tesoros escondidos; o las colonias que fundaron ellos en Iberia. Lo suyo es la dulce espera para retornar a Ítaca, arropado por ambos dos.

El decimoquinto representa a la vez un elogio a los quince años y al despertar a la vida de la primera nieta del autor. No tiene otro objetivo más allá de que la nieta se mantenga alerta para poder afrontar con solvencia los peligros y dificultades que se presentan en un mundo cada vez más hostil.

El decimosexto recoge los momentos en que se despertó en mí el amor a la música. Es un hecho que he tenido siempre presente a lo largo de mi vida. Fue mi finada hermana la que me inculcó ese amor por la música, como dije al inicio, y si más tarde llegué a ser un ferviente amante de la música clásica, tanto sinfónica como coral, ello se debió a que mi hermana me infundió el amor y la afición a la música ligera, empezando con las cancioncillas del cubano Antonio Machín y las rancheras del mejicano Jorge Negrete.

En el poema decimoséptimo, intento describir las cualidades esenciales del amor. Se trata de algo bastante complejo, pero fundamental en las relaciones humanas y que a menudo aboca a hombres y mujeres a situaciones de difícil arreglo. Es la pasión por excelencia que rige los destinos del ser humano. Aprovecho el momento para recordar tres parejas históricas, reales o ficticias, que han despertado el interés humano, pero también literario. Concluye el poema con un consejo que debe tenerse presente, aunque sea un tanto trivial: la ocasión la pintan calva.

Como no podía ser de otra manera, se pone punto final a este capítulo con el poema decimoctavo, dedicado al mar. Se asegura en él que el contacto con el agua y la sal marina impulsan al escritor a soñar y volar. Es el último día de baño porque el agua sigue estando transparente y recuerda de nuevo al pez tatuado que se deja ver, pero no atrapar, invitándonos al mismo tiempo a bailar con él. Es un nueve de octubre, fiesta nacional de los valencianos que, en masa, se han adueñado de las playas.

Titulo 'El cementerio' al primer poema del capítulo octavo, queriendo dar a entender que el deber moral nos obliga a recordar a nuestros ancestros mediante el simbolismo de depositar un ramo de flores frescas en la repisa de sus nichos. Si hay pocos visitantes en los momentos actuales se debe a que faltan algunos días para que el cementerio, como cada año, amanezca como un inmenso vergel. En el cementerio de Almassora, mi lugar de nacimiento, sobresale la majestuosidad de alguno de sus cipreses, imagino, centenarios, con algunas manchas marrones por muerte natural de una pequeña porción de sus diminutas hojas.

El siguiente poema, 'La palabra embelesa', surgió a raíz de una fugaz conversación (más bien fue un monólogo), en la que una de las interlocutoras ensalzaba las buenas dotes oratorias de quienes han ejercido de profesores. Pero la palabra deleita, siempre que sea portadora de valores esenciales, aunque lo banal puede también embelesar.

El tercero, 'La mariposa blanca', reproduce el bello espectáculo de la naturaleza del baile nupcial de dos pequeñas mariposas blancas, muy cerca del agua del mar, en la holgada explanada que hay en el conocido Torreón de Benicàssim. Ignoro, aunque por los acompasados movimientos lo presumo, si se trataba de ese rito tan antiguo como la vida misma.

El cuarto, 'Un paseo otoñal', describe los avatares y la sorpresa del milagro de la vida encarnada en la presencia de cuatro madres jóvenes, que descubrí en una obligada visita que hicimos a mediados del mes de noviembre a nuestra residencia veraniega, y que coincidió con un día de calma absoluta. Ello nos invitó a dar un paseo reconfortante junto al mar como solemos hacer en época estival.

El quinto, *Horror belli II*, es un sencillo homenaje a los miles de niños palestinos que han muerto por efecto de las bombas indiscriminadas en poco más de un mes. Quise hacerlo con anterioridad en varias ocasiones, pero siempre fracasaba sin saber el porqué. El día dieciocho de noviembre, sin embargo, sin saber tampoco cómo ni por qué, empecé a escribir, y en muy poco tiempo las ideas y conceptos afloraban en la mente a borbotones y éste es el resultado.

En el sexto poema, que título 'El *ballet*', pongo a mi nieta Paula como ejemplo a seguir para alcanzar la excelencia en el *ballet* clásico. Pero para conseguir la perfección hay que redoblar el esfuerzo manteniendo siempre la frescura en los ensayos diarios sin perder jamás la sonrisa.

Por otra parte, debo mostrar mi agradecimiento a todos los que, de una forma u otra, me han aconsejado durante la confección del presente poemario, como es el caso de Santiago Fortuño, de Bartolomé Segura y de Gregorio de Miguel y a quienes han hecho posible su publicación, como el reconocido poeta castellonense Vicente Barberá Albalat y el editor Toni Alcolea, reputados adalides y divulgadores de la poesía; a Paloma Albarracín por su corrección y a Loli Lara por la supervisión de la edición. También a Pepe Sánchez, autor de las fotografías que aparecen en el libro.

JOAQUÍN BELTRÁN SERRA

I

AMORES DE JUVENTUD
Y
REFLEXIONES AL ATARDECER

I
M. (SIN ACRITUD)

*Se trata del dios que, a la vista
del que es digno de ser amado,
nos vuelve pusilánimes y echa por tierra
nuestro orgullo, aniquilándolo.*
TH. MANN, *MUERTE EN VENECIA*

¿Por qué, viejo decrépito,
sigues husmeando sin cesar
en las cloacas de tu juventud
si el pasado jamás ha de volver?

Hubo un tiempo radiante y placentero
al descubrir una mirada ojizarca
cuajada de anhelos y de vida;
pero jamás supiste adivinar
la esencia de su resplandor,
dejándote atrapar dulcemente
por las tinieblas del desamor.

Tu memoria aún recuerda
con asfixiantes gritos de dolor
aquel maldito autobús
que te condujo a los infiernos
de un desierto sin flores;
y en el anhelado y dulce paraíso,
en el que afanosamente buscabas
el perfume embriagador
de las blancas azucenas,
no hallaste más que cardos
y espinas que te abrumaban.

El fatídico desenlace de aquel mes florido
pudo acabar con tus deseos de amor y libertad,
pero llegaste a sobrevivir sorprendentemente
con el aliento de una serena amistad.

Deja ya, viejo achacoso, de atormentar tu alma
con deseos de malvada venganza,
capaces de aniquilar la fortaleza
de una inquebrantable templanza.

Castellón, invierno de 2018

2
El incauto viajero

Tu contiens dans ton oeil le couchant et l'aurore
[...] Sors-tu du gouffre noir ou descends-tu des astres?
Baudelaire, *Les fleurs du mal* XXI

El magnetismo de unos ojos claros
cegó, sin piedad, al incauto viajero,
y al despertar del dulce sueño,
comprobó que atrapado estaba
en una sutil tela verde de araña.

Al embrujo seductor
que ella le inoculó
no pudo ofrecer resistencia,
porque su fragancia
siempre y siempre anulaba
su capacidad de resiliencia.

A partir de aquel instante
fue un juguete insustancial
en manos de una tirana,
que ejerció el mando pleno
al albur de su mirada.

El viento soplaba a su favor,
impulsado por su amante inhibido,
que solo sabía, ¡craso error!,
contemplar a su amada
como un juguete seductor.

Eran tiempos de miseria,
de delirio y ambición,
y una falsa ilusión
se adueñó de aquellos ojos
que anhelaban un camino
disfrazado de amor, de rosas
y mil estrellas de algodón.

Ese fue tu fin, viajero de ilusión:
te dormiste en los laureles
entre trampas de almidón
y de arroces sin manteles.

Benicàssim, agosto de 2018

3
RÉQUIEM DE RILKE
(In memoriam)

Podrás sustraer tu cuerpo a mis palpitaciones,
aunque nunca deseé poseerlo;
podrás impedir que me lleve tu sapiencia,
el don más preciado que siempre anhelé;
pero ningún dios te permitirá jamás
que me arrebates el fulgor de tu mirada.

Castelló, marzo del coronavirus de 2020

4
Jugando a ser ángel

(Tobías) *fue a buscar a uno y se encontró con Rafael, que era un ángel. // Porque un ángel bueno le acompaña, tendrá un viaje bueno y volverá sano.*

Biblia, *Tobías* 5, 4 y 21

Tú eres mi ángel lejano.
¿O soy yo el tuyo amigo?
Huiste para perderte
buscando la blancura
de un ignoto camino.
Y fue un error malvado.

El candor polvoriento
de un camino sin alma
reposó en tus entrañas
ahítas de un mal sueño.

¿Qué ángel tan horrible
acompañó tu vida
sin colmar tus deseos
ni palpar tus mejillas?

Nadie te protegía
ni nadie te amaba.
Todo era un espejismo,
tan fatal como extraño,
porque el ángel amigo
nunca y nunca llegaba.

Castelló, 25 de abril de 2020
(Un mes de confinamiento)

5
Quejidos en cuerpo y alma

Me abandonó tu cuerpo,
lleno de materia,
lejos ya del vacío;
los metales pesados,
y los gases impuros,
pero necesarios,
se habían adherido
a su huera estructura.

Por eso me dejaste.

La mirada fue un momento.

El cristal de tus ojos
era opaco y sombrío,
tanto, tanto y tanto
que nunca llegaste a ver
cuán banal es el tiempo.

También tu espíritu,
volando por los aires,
se había hermanado
con la sutil materia.

Porque somos materia,
materia que nos arrastra,
nos perturba, nos confunde,
nos embauca, nos engaña,
incapaces, muchas veces,
de domeñarla y vencerla.

Pero, ¿qué fue de tu alma?
¿En dónde la encontraron?
Me abandonó tu cuerpo,
aunque me llevé tu alma
un instante nada más
en el arca de mi ser.

Tu alma era una virgen,
volátil y etérea;
parecía un gas noble
que andaba siempre errante
entre la fría bruma
del espacio celeste.
Era el éter perdido
que buscaba refugio,
tan sutil e invisible,
que vagaba sin rumbo.

Pero al fin ya reposa
en el seno de otra alma,
donde halló paz eterna.

Castelló, sábado, 13 de mayo de 2020
Cuadragésimo cuarto día de confinamiento
Entre sueños, de madrugada

6
Inspiración

Ya no la quiero, es cierto, pero tal vez la quiero.
Es tan corto el amor, y es tan largo el olvido.

P. Neruda; *Veinte poemas de amor…*, XX)

¿Me odias, tal vez?
¿O me amas en silencio?
Amar y odiar.
¿Heráclito o Catulo?
No hay vida sin contrarios,
ni paz sin guerra,
ni poeta sin su musa.
¿Nací yo del odio?
Puede que del desprecio.
Ese desprecio originó el valor,
y el valor fraguó una semilla.
¿Pero dónde quedó el odio?
¿Dónde el amor sin barreras?
El tiempo se los llevó.
Fue una eternidad no eterna
con el germen de otra eternidad:
eran las fraguas de la inspiración.

Benicàssim, 7 de junio de 2020

7
AUSENCIA
(greguería con modalidad de verso)

Tan lejos y lejos te fuiste
que ya nunca jamás volviste.
Pero tan cerca de mí estabas
pensando que todavía me amabas.

Te alejaste un día de mayo
cuando oíste cantar al gallo,
y sin ser una niña mala
siempre lo tuviste a gala.

Benicàssim, 7 de junio de 2020

8
Rilke como deseo

Ya no hay deseo ni anhelo,
solo queda un sueño
y unos labios en rebeldía
cuya tersura se ha desvanecido.

La vida ya no nos pertenece
porque el viento se la llevó,
pero bellos son los recuerdos
de lo que nunca llegó a ser:
es la fatalidad del destino
que truncó una felicidad inmensa.

Quisiera haber sido Rilke
para inventar tanta hermosura:
«Si algún día en las tierras donde habito,
entre el ruido de feria y mercado,
olvido la florida palidez de mi infancia
y aquel ángel primero,
—su bondad, su vestimenta,
sus manos en posición orante, su mano bendiciendo—,
yo conservaré en mis sueños más secretos
siempre el modo de juntarse sus alas,
que, como un blanco ciprés,
estaban en su espalda…»[2];
porque ese frágil niño,
lleno de bondad y ternura,

---

[2] Cita procedente del *Libro de las imágenes* del propio Rilke. Sería una de las *Canciones de los ángeles.*

me hace pensar y retroceder
hasta mi dulce infancia,
si añadimos algún quebranto
y negamos cierta metáfora.

Era casi tan ángel como él lo era,
al decir de mi entorno ya perdido,
con el deseo carnal siempre ausente
y sometido a un espíritu puro,
ajeno a la banalidad presente.

Tan solo anhelaba falaces sutilezas
alejadas de la cotidianidad,
hasta que unos ojos de diamante felino,
ávidos de una existencia quimérica,
se impregnaron de lo que no era verdad.

Fue un puñal bañado en negra sangre
que me transportó,
inexorablemente,
a la nuda realidad.

Benicàssim, 4 de agosto de 2020

9
El bien y el mal

¿Qué otra cosa somos
sino seres conturbados,
amantes de la hacienda
que con holgura poseemos,
por la que sin tregua
y con tesón nos desvivimos,
pero también deseosos
de aquello que carecemos?

Si la vida nos ha brindado
la felicidad sin límites
y, generosa, nos ha dado
la prosperidad sin barreras,
anhelamos las finas espinas
y los lacerantes guijarros,
que, con profusión, generan
un infinito sufrimiento.

Si atesoramos mucho brillo,
aunque sea falso y menguante,
pero que alumbra e ilumina
como el fulgor de la luciérnaga,
con altanería y desdén
al momento lo rechazamos,
y buscamos los rayos del sol
que nos ofuscan sin remedio.

Si el mar Mediterráneo,
donde soñando nos bañamos,
se nos antoja muy sereno

50

con olas de intensidad baja,
deseamos raudos cambiarlo,
sin temor ni tregua alguna,
por el otro mar Cantábrico,
más bravío y más congelado.

Si las tranquilizantes playas,
de arenas finas y doradas,
se alborozan cuando reciben
el reflejo de tu esbelto talle,
tú las rechazas y abandonas
con altanería y orgullo,
para recrearte y solazarte
entre el sábulo y los guijarros.

Si la escalada del pico montañoso
te exige esfuerzo sobrehumano
y un tiempo de pausa y espera
sin agua fresca que beber,
al momento desdeñas el sacrificio
de los acres tiempos de hierro,
por estar perennemente atrapado
en los oropeles de lo inmediato.

Si el silencio de la espera
te requiere mesura monacal,
igual que la fruta madura
precisa el sol de primavera,
te precipitas y aceleras
el paso lento de las horas,
incapaz siempre de controlar
tus hueras ansias juveniles.

Si el dulce sueño te trasporta
al lecho de la felicidad,
y Pegaso te ayuda a volar
hasta el cielo de Ganimedes,
tú aduces que la vida es real
con destellos de pura ilusión,
y niegas lo mitológico
por ajeno a la realidad.

Si la atracción de la belleza
seduce con vigor al infeliz,
y la engreída inteligencia
atenaza al enamorado,
argumentan sin argumentos
ni con fiables silogismos
que el malvado destino aleja
la excelencia de la sencillez.

Pero ni la bondad es el bien
ni la desgracia el mal supremo,
tan solo el tiempo nos demuestra
que la elección justa y templada
gobierna siempre nuestra vida,
lastrada con vanos sollozos,
hasta el amargo desenlace
que ella misma nos depara.

Benicàssim, 7 de agosto de 2020

10
Vencedores y vencidos

Te perdiste aquel día
con vanas ilusiones
entre la espesa bruma
de un abismo profundo;
y demasiado pronto
probaste, sin saberlo,
las amargas hieles
de la cruel realidad.
Fiaste tu existencia
al resplandor insano
de una astuta mirada
y un banal intelecto.

Porque la felicidad es frágil y efímera
cuando prevalecen la ominosa Hécate[3]
y las seductoras, pero perversas Lamias[4],
que con vanos halagos seducen e ilusionan.

Pero la hermosura se convierte en espanto
al diluirse la fugaz y dulce primavera,
y si el otoño jamás es lo que antaño era,
el invierno se nos muestra siempre ruinoso.

---

[3] Hécate es el nombre que tomaba Proserpina, esposa del dios de los Infiernos Plutón, cuando presidía los actos de magia y encantamiento.

[4] Las Lamias eran parecidas a las Sirenas, con cola de pez, pero con unas afiladas garras en su lugar. Seducían y luego devoraban a sus admiradores.

Los dioses aparecen implacables y fieros
cuando el ser humano los irrita y descompone,
frustrando sus fatuas y vanas pretensiones
si el honor y la gloria a ello les impulsa.

Si tu padre, Meleagro[5], no hubiese olvidado
honrar a la célibe Diana[6] cazadora,
habría esquivado la maldición de las Parcas
sin apagarse jamás la leña que prendieron.

Pues la madera del bosque siempre nos confunde,
nos perturba, nos atribula y descompone,
ya que la densidad de sus ramas y el follaje
nos impiden descifrar la voluntad celestial.

Somos meros juguetes en sus manos divinas;
nuestras decisiones sucumben siempre a las suyas
y si algún día creemos haberlos burlado,
el tiempo demuestra que jamás hemos ganado.

Benicàssim, 10-15 de septiembre de 2020

---

[5] Meleagro, héroe mítico que formó parte de la expedición de los argonautas para conquistar el vellocino de oro. Desde que nació pesaba sobre él una maldición de las Parcas, que entonces prendieron un leño y profetizaron que su vida se prolongaría hasta que el tronco se apagara.

[6] Diana, hermana del dios Apolo, era la diosa de la caza y los bosques. En la tierra se la llamaba Diana o Delia, en el cielo Luna o Febe y en los Infiernos Proserpina o Hécate.

I I
Impresiones misteriosas

Somos sombras inconcretas y fugaces
que se mueven a ritmo desacompasado,
anhelando el brillo de la gloria mundana
al mirar con ansia el color púrpura de las estrellas.

La luna, casi llena, riela sobre la superficie marina,
y origina con sus imperceptibles movimientos
la plateada majestad de una luz prestada,
que se proyecta sin cesar sobre el agua oscura.

Yo soy agua que te abraza y te sumerge
hasta el infinito de una salinidad aciberada;
en cambio, tú eres luz, verde posidonia y nereida biforme
que se transforma y renace para vivir en la irrealidad.

El manantial emerge desde la profunda oscuridad,
y el vigor de sus entrañas actúa de tamizo
para purificarla de la aspereza de la sal,
brotando con sigilo cual dádiva de suma dulzura.

Benicàssim, 29 de octubre de 2020
Castelló, 21-26 de diciembre de 2020

12
ILUSIONES, RECUERDOS Y DESEOS

Quisiera ser tan joven como para poder amarte,
pero apenas si nos queda tiempo para el delirio.
Desearía ver tu rostro a la luz de la luna de mayo,
y rozar tus párpados con la yema de mis dedos.

Tu alma camina trémula por la vega plateada
sin percibir el silencio de la noche estrellada.
Sola, te persiguen los recuerdos muy lejanos
de un Quijote cuerdo, sin malicia y espigado.

Él solo pensaba que la vida estaba en tus ojos,
pero el brillo de la plata se quebró en la *madrugá*,
cuando un haz de furias envidiosas de su bondad
te hechizaron con engaños hasta hacerte claudicar.

Mas, no sucumbas a la maldad de los ensueños,
y goza siempre del placer que la vida te concede;
olvida ya la acritud de los atardeceres crueles,
sembrados de angustia, espinas y sufrimientos.

Cuando la amargura de la negra e interminable noche
haya puesto fin a tus incontenibles lágrimas de cristal,
contemplarás el resplandor de los rayos boreales
que te van a colmar de dicha, amor y sensibilidad.

Castelló, 28 de enero de 2021

13
ESPERA-R / -NZA

Mil horas no son nada,
todas caben en una flor,
de mi dulce jardín arrancada,
pero antes regada con las gotas del sudor.

En él había rosas, alhelíes y violetas
que desprendían su fragancia por igual,
impregnando las auras obsoletas
de los viejos tiempos del metal.

Yo esperaba, esperaba y esperaba
y cantaba al azul y verde de la primavera,
aunque jamás una malvada queja brotaba
cuando corría al río y esperaba en su vera.

La intensidad de ingentes nubes rojas
cubrían el cansado cielo al atardecer,
mas los gritos de sus oscuras sombras
se escuchaban con rabia al anochecer.

Cuarenta días, en cambio, de silencio y ausencia
marchitan los pétalos de la flor y su tersura,
tan solo engendran rabia, dolor e incontinencia
que desembocan en lágrimas negras de amargura.

Castelló, 25-27 de febrero de 2021

14
La metafísica de mi musa

Era como un junco doblado por el viento
que buscaba en su vida el aura de la inmortalidad;
cantos de sirena cruel ahogaban sin cesar sus sentimientos
con visiones esperpénticas alejadas de la cruda realidad.

Nada conocía de las entrañas de los deseos humanos;
habitaba dulcemente en su inmenso planeta oscuro;
y si hostil era para su amigo galante y azaroso,
siempre se estrellaba contra un muro infranqueable.

La sangre, que nunca brotó, gritaba y gritaba sin cesar,
buscando el sendero torrencial hasta su fuente opaca,
pero jamás se entregó a un espíritu cuajado de azahar,
que anhelaba sembrar en un vergel brillante como la alpaca.

Cuando los rayos del sol inflamaban los pétalos de las flores
y las mariposas percibían el terrible ardor en sus finas entrañas,
las manos exangües de un alma amiga jugaban con sus colores
y correteaban sin cesar por la arboleda que vestía las montañas.

Cual Eurídice[7], la ninfa elegida para gozar de los cantos de Orfeo[8] que se vio arrebatada de su tálamo por una serpiente malvada, camina ahora entre sombras y tormentos, tan lejos del himeneo que espera la llegada de Caronte[9] para que la lleve a la orilla dorada.

Castelló, 22 y 23 de marzo de 2021

---

[7] Eurídice, cuya modestia y encantos cautivaron al poeta Orfeo, se convirtió en su esposa. Cuando huía del acoso de Aristeo, fue mordida por una serpiente, muriendo a causa de la mordedura.

[8] Orfeo, hijo del rey de Tracia en Grecia, fue poeta y músico, viajó por todo el mundo dando a conocer a la gente el origen del mundo y los dioses, la interpretación de los sueños y creó también las fiestas de Baco y de Ceres. Eligió a Eurídice como esposa por su hermosura y sencillez. Al morir ella, se recluyó en el monte Ródope en Tracia, donde las Bacantes lo despedazaron al negarse a contraer nuevos esponsales.

[9] Caronte era el barquero que transportaba las almas de los muertos por el río Aqueronte y la laguna Estigia hasta la mansión de Plutón. Les exigía un óbolo para ser transportados.

15
Espíritu y materia

¿Será primero la materia?
¿O el espíritu abrirá el sendero?
El cielo pregona que primero nos conocemos
y luego con pasión nos amamos.

Materia informe, deforme y amorfa,
¿quién te ha visto y quién te ve?
Eres negra, oscura y plomiza
hasta que el tiempo te transforma.

Espíritu invisible, actuante y factitivo,
que sorprendes sin aviso al otro componente,
marcas pautas, conformas masas y calas hondo
cuando inspiras al poeta e inflamas su mente.

Ella es altiva, seductora y mareante,
rompe moldes, surca mundos y embelesa con el arte;
mas, si uno la modela o percute al instante,
se somete al artista sin miedo a transformarse.

Él parece ausente, pero siempre está presente;
va lento a veces, otras muy raudo cual centella;
si llamas no contesta, si te acecha no lo ves,
como la sombra que a cualquier lado te persigue.

Nunca sabrás quién va primero y quién va después,
porque la dependencia los atenaza a la vez.
Si la materia se descompone y se transforma,
el espíritu que palpita no tiene forma.

Castelló, 25-26 de marzo de 2021

16
Esperando a Godot

Los versos nunca llegaron a su destino;
el anhelado puerto se hallaba demasiado lejos,
y la senda era ardua, sinuosa y angosta,
plagada de finas espinas y secos abrojos.

Jamás se oyó una cálida palabra de aliento
que aliviara con ternura la cruda realidad,
porque su fatal decisión, llena de desamor,
se tomó sin reflexión y con excesiva premura.

El viento arrecia siempre en el hostil invierno,
con cierto sabor amargo a vida monacal,
pero la savia primaveral emerge vigorosa
para renovar la sangre del eterno ciclo de la vida.

Los risueños cantares, que destellaban auras de bondad,
resonaban, casi ingrávidos, en busca del calor amoroso,
mas un electrizante escalofrío de indiferencia
los ignoró fatalmente y generó mudo dolor.

Los rutilantes astros, embajadores de la paz,
forjan el destino del hombre de buena voluntad,
pero el ángel de la muerte, con sus embelecos,
desbarata toda ilusión fraguada en la ingenuidad.

Castelló, 27 de octubre de 2021

17
EL MAR / LA MAR (I)

*Amaba el mar por razones profundas: por
la apetencia de reposo propia del artista sometido
a un arduo trabajo… y por una propensión ilícita
hacia lo inarticulado, inconmensurable y
eterno: hacia la nada.*

TH. MANN, *MUERTE EN VENECIA*

Amo la inmensidad del mar,
su zozobra, su fuerza, su incontinencia,
su arrebato, su furia, su iracundia.

La irracionalidad marca tus acciones, ¡mar profundo!,
y la destrucción parece tu objetivo primero.

Engulles inmensos paquebotes
que desafían tus ignotos abismos,
y también al humilde marinero
que anhela la oscura noche para la pesca,
cuando roba el tesoro de tus entrañas
y lo ofrece a un paladar necesitado.

Tritón[10], Anfitrite[11] y Neptuno
gobiernan las azuladas aguas marinas,

---

[10] Tritón era hijo del dios Neptuno y gozaba de cierto poder sobre las aguas del mar. Tenía cuerpo humano y cola de pez.

[11] Anfitrite era una hermosa ninfa hija del Océano, que rechazó la petición de boda que le hizo el dios Neptuno por su aspecto de viejo desgarbado, pero un delfín la convenció para que se casara con él.

pero fueron los veloces delfines
quienes sellaron la excelsa unión,
cuando trasportaron a la imperial ninfa
hasta las mansiones del dios del tridente.

Mientras el rey marino reposa entre sueños
y su hijo Tritón amansa con templada voz
la vehemencia de los insumisos tritones[12],
el medroso navegante boga seguro y firme.

También el humilde, pero hábil nadador,
penetra en tus diáfanas entrañas,
y saborea con sus anhelantes labios
la acidez y amargor que las impregna.

Pero a mí me cautiva la mar profunda,
inescrutable, seductora y esponjosa
que te abraza hasta marearte, confundirte,
y transformarte en juguete del pensamiento.

Sin la mar se perdieron miles de besos,
pues su amante se atragantó con la sal
porque esperaba el ansiado retorno
de la dulce ninfa que jamás vio nadar.

Castelló, 20 de mayo de 2021

---

[12] Los tritones eran unos seres marinos secundarios sin poder alguno, con cuerpo humano y cola de pez. Formaban la comitiva que precedía al dios Neptuno.

18
EL MAR / LA MAR (II)

Je ne sais pourquoi
Mon esprit amer
D'une aile inquiète et folle vole sur la mer.
VERLAINE, *SAGESSE* III, 7

Tus olas sin cesar palpitan;
cuando quieres, mis pies salpicas,
y mi alma de vapor se llena,
si por tu umbral se precipita.

Infinita como mil estrellas eres,
que van y vienen al suspirar;
remansos de paz buscas si te alejas,
y si te acercas, mis andares acaricias.

Te irritas con el viento boreal,
y el surfista se deleita con tus olas encrespadas
obteniendo con los incesantes vaivenes
el placer de un insustancial anhelo.

Arrastras conchas y diminutas caracolas
desde las cavidades de tu bazar profundo,
y conviertes su natural estructura
en mil granos de doradas arenas.

En verano te reencuentro y con ardor te abrazo
al perderme en tu inmensidad oscura,
anhelada por un amante inhábil
que no te conocía ni jamás te penetró.

Cuando me miras, finges indiferencia,
pero si me abrazas, destruyes mi razón de ser;
si me engulles, confundes mis sensaciones,
si me ahogas, muero en los brazos del querer.

Blanca como la sal, si te acercas a mi caminar,
renace cada mañana tu efímera espuma,
que se multiplica sin pausa hasta lo eterno
siendo testigo de tus encantos las arenas del Voramar[13].

Benicàssim, 3 de julio de 2022

---

[13] Emblemático hotel de Benicàssim, situado en las mismas arenas marinas y en cuyas playas se han rodado algunas conocidas películas, como *Novio a la vista,* hace ya bastantes años, o la más reciente, *La boda de Rosa.*

19
El mar / la mar (III)

A Fellini, que también amaba el mar

Yo te pregunto, mar inquieta, muy de mañana:
¿por qué despertaste en este azaroso día
sin haber conocido antes mis antojos y deseos,
enfurecida tan solo por el poder de un dios menor?

La virulencia de tu oleaje me recordó un tiempo jovial
en el que mis brazos luchaban por evadirse del mal,
cuando los gritos de ella no llegaban a mis oídos
porque el fragor de las aguas turbaba los sentidos.

Hoy nuestro camino es largo y cansino,
rumiando tantas y tantas historias pasadas
que no sabemos si fueron reales o pensadas.

Tal vez el tiempo de nuestras vivencias y amores
se abraza y se confunde en este amanecer
con el claroscuro de nuestra edad confusa.

Pero es la fe en ti, mar insalubre y agitada,
la que nos mantiene firmes al andar,
porque si tú ya no te revolvieras ni bramaras
y tan solo enviaras señales de inactividad,
la vida finalizaría muy amargamente
para los seres que creen en tu salinidad.

Eres amarga cuando penetras en la boca,
pero también invitas a la esbelta muchacha,
ataviada con bikini amarillo y azul,[14]
a pasear por tu orilla para recordarnos
que Europa está huérfana de paz,
una paz anhelada por quien huye
sin parar del estruendo de las malditas bombas
y de la soledad de un eterno día sin pan.

Aquellas matan, destruyen y amedrentan.
El pan da vida, alimenta y reconforta.
Me gusta el pan negro, saciarme con él sin parar
y, a la vez, rebozarme con la sal amarga de la mar.

Benicàssim, 28 de julio de 2022

---

[14] Son los colores de la bandera de Ucrania.

20
LA FLOR QUE PALPITA

Jamás supe palparte.
Eras como una flor sagrada,
y mis impúdicas manos
querían sustentar tu candor,
pero jamás llegué a alcanzarte.

Olías a virgen con rubor,
y la primavera ardiente era
la que con vigor te protegía.

Mas, entonces llegó el ángel malvado
con falsa aura de doctor sedicente;
escrito estaba en toda su frente
un artero consejo impropio de un docente.

La flor se derrumbaba
cimbreándose con el viento,
mientras, temblorosa, escuchaba
los estertores de sus cimientos.

Crecía y crecía la flor deseada
suspirando encontrar unas manos blancas
que la segaran con sublime delicadeza
para vivir entre aguas hasta la alborada.

Ella descendía del jardín de las delicias,
verdirroja con todo su esplendor,
sus pétalos perfumados por el día,
henchida de gloria por el mágico bicolor.

Pero la noche asomó de repente
muy oscura, tan oscura como la nada;
sembró el pánico una imperceptible daga
que alteró los sueños de aquel ser viviente.

Benicàssim, 4 de octubre de 2022
(día de san Francisco de Asís y el natalicio de un amigo)

21
¿SUEÑO O REALIDAD?

Ayer te vi en la orilla del mar.
Tu sustento era la volátil espuma.
Tendías tus brazos desnudos
para fundirnos en un abrazo fatal.

¿Será Boticelli[15], redivivo,
quien semejante don
me quiere regalar?
¿Quizá la feacia Nausica[16],
de cándidos y suaves brazos,
quien se acerca, esplendorosa, desde el río?

¿O tal vez Praxíteles[17]
me obsequió con su Venus,
flotando sobre la espuma, deseosa de amar?
No.
Era un simple sueño
que jamás llegó a ser una realidad.

---

[15] Boticelli, pintor del renacimiento florentino. Sobresalen su *Nacimiento de Venus* y *La primavera*.

[16] Nausica era hija de Alcínoo, rey de los feacios, habitantes de Corcira (hoy Corfú). Acogió a Ulises cuando este naufragó cerca de la isla, como se narra en la *Odisea*.

[17] Praxíteles, escultor ateniense del siglo IV. Fue el primero que esculpió a Venus desnuda.

Es sabido que nacemos para soñar,
pero también para huir y fracasar,
o morir en el sendero
que nos vio crecer y llorar.

Boticelli, Nausica, Praxíteles,
¿por qué me habéis hecho sufrir
alentándome a pensar
que los sueños son verdad,
si al despertarnos
siempre comprobamos
que lo real es
la nuda cotidianidad?

Benicàssim, 5 de octubre de 2022

II
EL ANHELO
DE
UNA MONTAÑA MÁGICA

I
Visión de contrastes

A Thomas Mann y su montaña

Tus cumbres tan elevadas y escarpadas matan;
el mar inmenso y profundo arrebata;
la arena limpia y dorada acoge;
las olas suaves y diminutas alivian.

Las agujas colosales y fulgurantes deslumbran
cuando el sol otoñal brilla por levante;
si los días acortan y se esconde por occidente
mutan el resplandor por grises pardos y oscuros.

Tus vericuetos y alucinantes sinuosidades
se proyectan con armonía hasta el mar cercano,
con una torre vigía final, cuyo pie palpa sus olas,
para recordarnos los tiempos de piratas y contrabando.

Tus vértices desnudos se pierden en la lejanía del cielo
y tus espaldas, cubiertas con hirsuto manto,
engendran otra montaña de dimensiones mayores,
donde florecen madroños, aulagas y palmitos.

Ahora dais miedo porque parecéis insalvables,
aunque os he visto el torso con la luna de mayo.
Montes sagrados sois que alientan mi existencia,
hermanados de siempre con las aguas marinas.

Benicàssim, 28 de octubre de 2020
(Elogio a las Agujas de santa Águeda y sus estribaciones)

2
LA MONTAÑA MÁGICA

Acabo de despertar. Está amaneciendo.
Abro mi ventana de poniente
para contemplar tus mágicas crestas
émulas del Cervino de los Alpes.

El ítalo-suizo, sabes, ofrece una visión descarnada,
mientras yo admiro el vestido que ahora te cubre,
ligado al verde perenne de la esperanza.

Tu inmutable presencia
me acerca al ensueño de la realidad.

Te pareces a un imán
que atrae sin remedio
a su amante natural
esperando que le hable.

Porque eres un inmenso gigante,
protegiendo a Benicàssim,
al darle agua de lluvia
en otoño y primavera.

Dime, ángel valedor, que me quieres
tanto como yo te quiero a ti,
pues me regalas también el sol poniente
en el cálido verano y en el frío invierno.

Hoy, me das envidia
por el manto que te cubre,
y suplico a los dioses todos
que eternamente te engalanen así.

Porque te conocí muy pronto,
cuando corrían los años cuarenta
del inefable siglo pasado.

Desde muy lejos, junto al río Mijares,
cuando despertaba en mi Almassora natal,
divisé desde el molino familiar
una inmensa hoguera,
cuyo fuego al cielo llegaba;

era el infierno en llamas
que mi infancia amedrentaba
por las prédicas de sacristía,
al pensar que Botero, el de las calderas,
si era malo, en ellas me sumergiría.

Te hirió casi de muerte
un rayo de Júpiter Tonante,
o tal vez los rastrojos residuales
de un imprudente campesino
de no se sabe dónde.

Pero, cual ave fénix primorosa,
asociaste la lluvia con el sol,
y las simientes, reconfortadas,
brotaron al instante
con el vigor de la savia en primavera.

De nuevo tu hermosura brilló
y deslumbraba al joven caminante,
cuando en los cincuenta te escaló
para saciar su sed en la *font Tallà*[18],
que brota en tu espalda plateada.

Tus mágicas cumbres silenciosas,
objeto de un deseo inmemorial,
me acogieron calurosas en los ochenta,
entre llantos y sonrisas,
fruto del esfuerzo sobrehumano
para coronar tus soleadas cimas.

Ahora pervives porque te protege una santa,
Águeda de Catania, virgen y mártir,
siciliana del siglo tercero de nuestra era.
Por eso te han bautizado para siempre
con el sobrenombre de Agujas de santa Águeda.

Benicàssim, 20 de julio de 2021

---

[18] Conocida fuente no solo en Benicàssim, sino en toda la plana de Castelló.

3
EL DESERT[19] Y EL TIET[20]

A mi tío Joaquín Serra

Antaño ya te conocía,
Desierto de las Palmas,
igual que te anhelaba:
te visité siendo niño
empapado del sudor
de un amante inexperto.
Eras una pared inmensa,
tan distante como eterna,
a la que, cansado, logré llegar
con apoyos femeninos,
exhaustos de tanto subir y andar,
y el recuerdo de aquel tío[21],
tan sensato y tan querido,
que me hacía palpitar.
Él fue quien me empujaba
a superar tamaña inmensidad.

---

[19] Denominamos Desert de les Palmes un paraje situado en mitad de la montaña que cubre las espaldas de Benicàssim, donde hay un monasterio habitado por frailes. La vegetación es abundante si no la destruyen los incendios. La denominación de *desierto* hace referencia al aislamiento y soledad.

[20] Diminutivo de 'tío', empleado entre nosotros, los valencianos, en tono afectivo.

[21] Hermano de mi madre. Al ser soltero, cuando murió su madre, vivió siempre en casa de mis padres. Mis primos Pepe y Manolo y el que suscribe lo consideramos siempre nuestro segundo padre. Todo el entorno lo conocía por «el tío Joaquinet», diminutivo de Joaquín.

Un báculo de vetusta madera,
que aún conservo en mi desván,
siempre le acompañaba
como escudo protector,
para escalar hasta el convento
de los frailes carmelitas,
y cumplir el sacrosanto
precepto
de confesar y comulgar una vez al año.

Mas, libre ya de impurezas
terrenales,
por Pascua florida
descendía a la realidad,
fascinado por las destilerías
del licor carmelitano,
que esparce su aroma
cuando arribas a la villa.

Cada año, desde mi recuerdo,
al molino regresaba cual profeta
llegado del jardín de las delicias,
con botellas planas o redondas,
que escondía con sigilo
entre muelas y trebejos,
siempre lejos de la mano infantil.

Su vestimenta de peregrino
sorprendía y cautivaba,
ocultando un cuerpo diminuto
que albergaba un alma inmensa,
desbordante de bondad y sabiduría.

Desde mucho antes,
a la molienda se entregó
en las frías noches otoñales
para obtener harinas integrales,
del dorado trigo candeal.

Sin saber cómo ni por qué
el molino se cerró
y nueva vida encontró
en los campos familiares.

Sin estudios ni saberes,
a vecinos y extraños demostró
que dotes no le faltaban
para estudiar y medrar.
Recitaba de memoria
poesías y mil historias,
aprendidas, sin saberlo,
para lograr fama y gloria.

Pero un fatídico día,
tras cumplir ochenta y tantos,
las malévolas Parcas,
envidiosas de su sabiduría,
se lo llevaron sin preguntarle
al eterno mundo de los sueños,
hasta que un dios del arco celestial
lo entronizó eternamente
en el altar de la santidad.

Sus botellas carmelitanas
del Benicàssim terrenal,
como regalo me dejó,
y quedarán para siempre
entre polvo y telarañas
en mi botellero esencial.

Castelló, febrero de 2023

4
Viajando hasta el cielo

Tu sagrada montaña, Benicàssim,
una es o tal vez mil,
según el ojo de quien te observa
desde lejos o desde cerca,
y te vea de cara o de perfil.

Si de lejos te contempla
al salir de Castelló,
apareces de color verde oscuro
descendiendo de un cielo azul,
y te proyectas suavemente
hasta el mar de la torre desmochada.

Si se acerca uno galopando
en caballos de motor,
configuras tu hermosura
y engrandeces tu esplendor,
mostrando lentamente
los rocosos picos que enfilan
directamente hacia el sol.

Me dijo que eran siete
cierto personaje que hablaba
con rigor,
y razón no le faltaba
si contemplas la montaña
en las cercanías del hotel Azor.

Mas, si sigues el camino
que te lleva al Bonterra,
esos siete se reducen
a solo tres o cuatro, tal vez.

Es el misterio de la perspectiva
que perplejo siempre deja
al amante fervoroso
de tus cumbres afiladas,
cuando llega de mañana
al cielo tan deseado
de su refulgente morada.

Benicàssim. 7 de mayo de 2023

III
MUJERES Y NIÑAS

I
Porque te lo mereces

a P. M.

Tu canto suena como una fuente en primavera,
recitas versos como el poeta que reverbera,
conversas al estilo de una diosa encantada,
sonríes siempre junto al fuego que no se apaga.

Por fortuna el destino, complaciente, te ha inspirado
para sumirte entre doradas espigas de felicidad;
pero nadie ignora que antaño el campo estaba yermo
por la ausencia de una lluvia que no tardó en llegar.

Tus deseos de madre cariñosa y maestra eficaz
se armonizaron en un torrente de fertilidad,
y el portentoso fruto que engendraron
maduró en seguida cuajado de tierna bondad.

Tal vez pronto, tal vez tarde, eso nadie nunca lo sabrá,
te transformaste en sutil pálpito de un alma germinal,
enhebrada al excelso collar de la suprema verdad,
clamando siempre por el triunfo de una justicia real.

Tu omnímoda generosidad de sabia diosa romana
fue ensalzada por propios y extraños hasta la saciedad,
desde Cádiz a Medina, pero siempre cerca del Palmeral,
desde Córdoba la Sultana hasta Alcañiz con tu Marcial.

Benicàssim, 14 de agosto de 2020

2
OLIVIA Y ANNA

Dos ángeles se nos fueron ayer
a la sutil morada de la eternidad,
llenando el intangible espacio
de inconcretas lágrimas rosadas.
Nadie las oyó suspirar,
nadie las vio sufrir,
nadie les cantó una canción,
nadie las pudo acompañar.
Eran tan cándidas sus almas
que ni siquiera osaron gritar,
por eso el clamor de repulsa
se escuchó hasta en el fondo del mar.

¿Puede alguien llamarse padre
si perpetra semejante atrocidad?
Nadie sabe de qué es capaz el ser humano
hasta que comete un crimen de lesa majestad.
Por eso, tú jamás pudiste ser su padre
al haberlas sepultado y no por simple azar.
Tu soberbia y tu indecencia se consumieron
en un barrizal eterno que jamás supo de dignidad.
Millones de burbujas se formaron en el mar
para arropar a dos querubines ansiosos de soñar,
anhelando que el sueño eterno de la paz
cubra sus cuerpos con pétalos de azahar.

Benicàssim, 22 de junio de 2021

3
ANHELOS DE UN CORAZÓN INQUIETO

Para ti

Desearía ser un niño
inocente y apocado
capaz de poner límites
entre ficción y realidad.
Volvería a ser un ángel
transportado de felicidad,
cual gorrión en primavera
por los dioses amparado.
Cada mañana te buscaría
en el luminoso bosque escondida,
para transformar la ansiedad de tu pecho
en perenne caja de palpitaciones,
intentando henchirlo en todo momento
de anhelos y dulces ilusiones
y, así, sentirte tan cerca, tan cerca,
sabiendo que eternamente te amaría.

Benicàssim, 4 de julio de 2021

4
AMOR OTOÑAL

Para ti

Se nos fue el añorado vigor,
pero aún nos queda el amor.
¿Qué es el amor menguante
en esta edad tan insignificante?

Sentir lo que apenas se siente,
pensar cuando el norte encalla,
hablar si tu amante ya falla,
morir en los brazos de siempre.

Benicàssim, 11 de julio de 2021

IV
EL HOMBRE Y LOS NIÑOS

I
Tiempo indómito

No corras, tiempo indómito,
tu velocidad endiablada
me irrita y desorienta,
e insensiblemente
vas engullendo
lo mejor de cada ser.
¿Dónde ha quedado
la sangre hirviente
que transformaba al momento
el deseo en realidad?
El apetito languideció
hasta la profunda inanición.
Ahora solo pervive el bello recuerdo
de una felicidad ilimitada,
de unos hermosos ojos
que jamás me abandonaron
a pesar de la distancia
y de una cruel ausencia.

Benicàssim, 10 de julio de 2020

2
El cumpleaños

No corras, ¡tiempo indómito!,
que ochenta años tampoco son tantos.
Tu velocidad endiablada
me irrita y me conturba
y, sin darme apenas cuenta,
te has tragado lo mejor de toda una vida.

¿Dónde queda aquella fuerza vital
que todo lo revolucionaba?
Porque ella, tan poderosa entonces,
se ha convertido en la nada esencial.

Ahora solo perviven los bellos recuerdos
de una hermosa felicidad,
y de una familia ejemplar,
que ama, sufre, trabaja,
en busca siempre de la paz.

Un beso a todos y un abrazo virtual,
que es lo único que nos permite
¡¡¡este maldito virus del mal!!!

 Dado en Benicàssim a 11 de agosto del año 2020
(Esta nueva redacción fue leída por mi nieta Paula
para conmemorar familiarmente mi 80 cumpleaños)

3
¿ÁNGEL O MÁRTIR?
(*Breve historia de una inocencia*)

Nació de pronto
sin saber el porqué,
aunque demasiado tarde
llegó a entender para qué.

De niño lo embaucaron
con mil historias fabuladas,
y crédulo por vocación
acabó prisionero entre muros
víctima de ilusión vana.

Un ángel no era
como Rilke llegó a ser,
porque le faltaban sus alas
de querubín en la tierra.

Aleteaba solo en el coro angelical y
buscaba la pureza de una amistad generosa;
mas, con su aguda voz de tiple,
solo a Dios suplicaba
que María su reina y madre fuera.

Pero un día de diciembre,
pasado el fervor de la Navidad,
le obligaron a confesar
tropelías jamás cometidas
con sus colegas de pupitre.

Eran unas mentes sibilinas,
saturadas de intenciones malvadas,
las que le acusaron de prácticas infames,
vulnerando su sagrada inocencia
así como su tierna decencia.

Lo expulsaron del cenobio
al tacharle de persona insana,
solo porque jugar al fútbol quería
tan bien como cantar sabía.

Mas, volvió a él por puro azar,
sin saber cómo ni por qué.
¿Tal vez por rezar a destajo para merecer?
Porque era esa toda su ilusión,
jamás deseaba una muchacha en flor
al ser la Virgen María su única mujer.

Era su otra vida que nadie logró conocer,
era un secreto que nadie debía saber,
era su vida oscura sellada al atardecer,
era su amante celeste quien lo dejó al amanecer,
por eso, aunque tarde, pudo retroceder.
Amó, cantó y reflexionó,
hasta que, por fin, arrumbó.

Benicàssim, 25 de julio de 2022

4
HORROR BELLI (I)

Las fuerzas del mal,
que el bien dicen ser,
arremeten implacables
contra el honor de la humanidad.
Destruyen sin piedad
lo que el hombre construyó,
sembrando miedo y confusión
en los habitáculos del amor.
Unos niños gritan casi ya sin voz,
otros lloran de rabia y sin lágrimas,
recordando a sus amiguitos inertes
que las bombas mataron por azar.
Se apagó su sonrisa virginal
que ya nadie podrá recuperar,
porque penetraron hasta su alcoba
monstruos infernales de hierro,
destrozando las familias
que han perdido toda la esperanza.
¿Quién ha sido capaz de truncar el aliento
de esas voces blancas atipladas,
cuando recorrían la arboleda,
o saltaban a la comba
en la calle de asfalto,
entre risas y murmullos,
antes de encontrarse en el coro
que les hermanaba para siempre
con los sones de una música angelical?

Fue un monstruo execrable,
dueño y señor de la maldad,
que jamás debió haber nacido,
porque el que mata a un niño
destruye el cariño de una madre,
trunca el vuelo de un alma frágil,
apaga el canto de un ruiseñor;
alienta el vuelo del gavilán
sembrando el pánico y la desgracia
con sus alas de acero
y su pico de vil metal.
¡Desaparece ya, monstruo execrable,
dueño y señor de la maldad!
Tu madre lloró cuando naciste,
sabedora de que privarías a otras madres
de la sonrisa matutina de sus hijitos
al recordar aquel inmortal verso virgiliano:
Incipe parve puer risu cognoscere matrem.
'Comienza, recién nacido,
a conocer a tu madre con la sonrisa'.

Castelló, diciembre de 2022

5
ANTONIO BAENA

Antonio, ni te apellidas Torres Heredia
ni eres hijo ni nieto de Camborios;
tampoco con una vara de mimbre
a Sevilla fuiste a ver los toros.

Porque tú te proclamas con orgullo
Baena Vasco,
hijo de un guardia civil humilde,
quien te inculcó inmensos valores
que enaltecen a toda persona sana:
respeto y generosidad,
honradez y honestidad,
empatía y humildad,
gratitud y bondad.

Por todas esas esencias
y otras tantas más,
a ti me acerqué
al calor de una confianza natural.

Me dijiste que muy pronto
a la hija del capitán cortejaste,
maestra de saberes esenciales,
pelo negro y melena vaporosa:
Rosario se llamaba,
y en Charo la convertiste
para que siempre te acompañara,
en el seno de un alma buena,
amante de los juegos del candor.

Han pasado muchos años
de amor eterno, tierna santidad,
y un mazo imperceptible, casi sin llamar,
te golpeó con dureza en lo más
profundo de tu sensibilidad.

Mas, tu respuesta fulminante
de repente la hallaste: *¡sempre avanti!*
¡Que san Antonio de Padua te bendiga,
Antonio Baena Vasco!

Castelló, 4 de mayo de 2023

V
RECORDANDO A LOS AMIGOS
QUE
NOS DEJARON

Hay que aprender a morir, en eso consiste la vida. En preparar con tiempo la obra maestra de una muerte noble y suprema, una muerte en la que el azar no tome parte, una muerte consumada, feliz y entusiasta, como solo los santos supieron concebirla.

R. M. RILKE, *CARTAS A UNA AMIGA VENECIANA*

I
PILAR NAVARRO
(*In memoriam*)

Te fuiste como viniste,
ligera como el ruiseñor;
demasiado pronto nos dejaste
pensando que sería lo mejor.

Te recuerdo en los veranos de
Skorpios[22],
disfrutando del calor de los amigos
en las pistas del club de tenis
Torremar[23].
Tu pareja preferida
en el doble vespertino
siempre era Carpio, don Elías;
mas, si por un casual
convergías con Querol, Juan A.,
tan solo se debía a un simple ritual.

El verano se te hacía corto
igual que el camino de Cabanes[24],
porque antes de llegar a les Santes[25]
la blanca higuera te esperaba

---

[22] Se trata de unos apartamentos que llevan el nombre de Skorpios, situados en la calle Baladres.

[23] Club privado de tenis muy cerca de los apartamentos Skorpios.

24 Pequeña villa del interior de la provincia, conocida por conservar un arco romano.

[25] Paraje montañoso que separa las costas de Oropesa y Benicàssim del interior de la provincia.

para que te encaramaras a ella,
y buscaras al azar
ese fruto tan preciado
con que seducir tu paladar.

El maldito invierno, sin embargo,
siempre fue tu enemigo peor
pues las clases un respiro no te daban,
aunque tampoco ningún dolor.

Pero fue un fatídico verano
cuando llegó tu fatal desgracia
al subirte tan alto, tan alto
que, al caerte, tu rodilla se quebró.
Tu pierna quedó al momento
maltrecha y cimbreante
entre sollozos y gritos de dolor,
y caminar ya no pudiste
hasta el otro año entrante.

Adiós, amiga y compañera del Valencia F. C.;
sabes que parte de tu alma siempre reposará
en los intersticios de mi corazón.

Benicàssim, 28 de julio de 2022.

2
ANA MARTÍ
(*In memoriam*)

Llegaste y de repente partiste.
Fue un momento abismal.
El cielo, que estaba abierto,
aún no te esperaba,
por eso entraste
sin llamar.
Tan pronto,
tan pronto era,
que un ángel solo
en su regazo te acogió,
pero más pronto que tarde
todo el coro se unió.
Entre arrebatos lastimeros
Y sonrisas quejumbrosas,
al altar te transportaron
para que eternamente
vivieras
en el recuerdo perenne
de los seres humanos.

Castelló, 9 de marzo de 2023

3
ANTONI PERIS
(*In memoriam*)

Nunca supiste dónde estaba
Roma, porque la llevabas muy adentro,
tan adentro y tan dentro la llevabas
que olvidaste su paradero.
Amabas su lengua madre,
germen de media
Europa,
hija, sin embargo,
de la quimera indoeuropea.
Me llevaste contigo a Madrid
desde el canódromo de
Valencia,
donde apostábamos una peseta
para poder ganar otras diez.
Ya en la capital,
los estudios clásicos
nos unieron, hasta que en la calle
Lista empezamos
nueva vida los tres
al calor de otras tres.
El azar nos separó
y hasta nos alejó:
tú en el norte,
yo en el centroeste
y el otro en el sur.
Nuestra vida laboral
un suspiro se la llevó;
pero jamás caerá en el olvido

que en Bisquert de Xàtiva
eternos olivos plantaste,
hermanos para siempre
de los *Sinónimos* de Isidoro
el sevillano.
Ahora que las Parcas,
silenciosas e implacables,
te negaron la existencia terrenal
segando la llama que te
sustentaba, a Libitina
ordenaron que ante
Minos te presentara;
y el rey de Creta,
Juez supremo, decidió que
en los Campos Elíseos moraras
y en el río Leteo te bañaras.

Castelló, 1 de abril de 2023

4
LAS SILLAS DEL PASEO PILAR COLOMA
(*Recordando a Manuel Irún Revest*)

Las sillitas del paseo
están tristes y solitarias
llorando con amargura
tu ausencia involuntaria.

En ellas dejaste casi
un tercio de tu vida estival,
conversando o solo pensando
si los reyes y los papas
gobernaban al sumiso personal.

Ellas eran tu cátedra veraniega,
alejadas y siempre ajenas
al ruido y al bullicio
de una clase invernal
para jóvenes insumisos
que nada querían saber
ni del bien ni del mal.

Pero las tardes del paseo,
esas sillas tan cercanas
a Villa Elisa y el Voramar
te alentaban e invitaban
a poder caminar y soñar
con pasos frágiles,
pero siempre firmes,
entre dulces sofismas
que al amigo fascinaban
por el ingenio que trasmitían.

Hoy, tu amigo nada en la soledad
y no tiene quien recoja
el testigo de tu identidad,
de hermano fiel y amigo de facultad.

Porque mis Skorpios surgieron
cuando en Naranjos tú ya habitabas,
y se hermanaron para siempre
sellando una perenne amistad,
fruto de una larga historia
que perdurará hasta la eternidad.

Ahora quedan libres para siempre
las sillitas que ya no volveré a ocupar,
porque otro amigo del alma
este año se me fue,
y tan lejos y lejos se marchó
que en ellas no sé si sentarme podré.

Castelló, junio de 2023

VI
EL ÚLTIMO SUSPIRO
DESDE CASTELLÓ

I
PLATÓN

Te pegaste un tiro,
Platón, y casi te suicidaste,
cuando de tu *República*
a los poetas relegaste
pensando que eran del montón.
A ello te indujo Homero
por inútil y trivial,
pero el único no era él
aunque siempre fue el primero.
Había otros, cierto es,
entre los que tú
también estabas,
de lo contrario
jamás nos hubieras regalado
El banquete universal
o, mejor, el sagrado *Simposio*,
al tiempo que *El Fedro*,
creador de palabras
con semillas inmortales.
¿Por qué te excluiste,
sin saberlo ni quererlo,
de una república ideal,
en la que aconsejas
al filósofo el estudio
de la aritmética y geometría,
la astronomía y la música
como preludio de la dialéctica,
imaginando que la excelsa poesía
radicaba en la parte inferior del alma?

Malinterpretaste tu filosofía
y la alejaste del poeta
con un sofisma malsano,
por temor a que el ritmo y el valor
de una imaginación seminal
propusiera un cabal gobierno
para todo el pueblo alto y llano.

Castelló, noviembre de 2022

2
AMOR VERSUS GUERRA

Dilema insoluble
en un mundo afligido.

Héctor y Aquiles braman
mientras Helena y Paris
rechazan las armas,
y entre besos y abrazos
solo la vida ensalzan.

Josué conquista territorios
y también asalta Jericó,
pero el poeta Salomón,
en el *Cantar de los Cantares*,
describe pudorosamente
los anhelos de la dulce esposa
que busca los besos del esposo ardiente.

Las madres gritan y lloran
cuando los hijos parten
hacia guerras sin sentido,
que jamás ellas soñaron,
porque fueron otros sus artífices,
colmados de plata y crueldad,
amasando intereses
carentes de dignidad,
mientras fusilan sin piedad
a los hijos de esas madres
que lloran con amargura
a los seres que parieron
con esfuerzo y con dulzura.

Sin embargo, la gloria y el honor,
distintivos de la dignidad,
se la llevan sin rubor
los fautores de la indignidad.

Castelló, enero de 2023

3
El deseo frustrado
de los incautos amantes
(*Recordando el año 1960*)

Te senté debajo de un verde granado
cuajado de flores carmesí brillante,
con el deseo a flor de piel,
y lejos de la inquisidora mirada
de las madres protectoras
y del furtivo mirlo, tantas veces infiel.

Eras tan virgen como yo lo era,
plena de deseo y de ardor,
aunque no supe abrazarte
cuando vi, casi, tu interior,
tan blanco como las azucenas
o las trompetas de ángel,
que esperaba sediento
una mano placentera
para apagar su cálido hervor.

El bosque no fue suficiente
para esconder las caricias
de un ansia natural,
porque un ángel perverso,
con vestimenta negra
y garras de metal,
apareció opaco y delirante
para clavar una inmensa espada
entre dos cuerpos extasiados,
y robar el alma de dos amantes

que a punto estuvieron
de hacer brotar la sangre
en el oscuro sendero
de la frágil intimidad.

Castelló, 18 de marzo de 2023
(poco antes del final de las fiestas de la Magdalena)

4
Mi poesía

¿Necesitas que te ensalcen,
te arrullen y recuerden
como si del día de la madre
se tratara? Porque también
existe el padre
para gestarte y parirte,
con vientre estrecho
y manos trémulas,
que te lance, tal vez, a
los cuatro vientos
por senderos y callejas
o junto a la brisa marina.

Bien sabes que te adoré
desde infante
por tu gloria y tus enigmas,
pero tan alta y elevada
estabas, que tardé
tiempo infinito en comprender
el porqué de tu existencia
mucho más que el de
tu SER.

Falta hacía un alma
reposada,
amante de la soledad,
pero con ojos penetrantes
que tus entrañas descifrara
y tu esencia construyera.

Tan pequeño era yo,
o quizás tan ignorante,
que apenas sabía navegar,
pues la profundidad
de tus aguas abismales
ahogaban mi función de pensar.

Y si quería volar
con ansias de respirar
alejado de la contaminación
banal, me quedaba sin resuello,
aunque las arenas de la playa
empaparan mis pies
de nívea espuma
y mi mente ascendiera
hasta el planeta de los sueños.

Solo me quedaba soñar y amar,
o contemplar la belleza
de la volátil libélula
cuando merodeaba
por la orilla del mar,
lejos de acequias y lagos,
albercas o pantanos,
que eran su hábitat natural.

El tiempo transcurría
inexorablemente,
sin gritos lastimeros
ni cantos triunfalistas
que relegan al triste olvido
demasiados años de soledad,
elevando a los cielos

el silencio de nuestros deseos,
mientras esperamos la presencia
del ángel de la verdad.

Tardaba en llegar la primavera,
ahogada por el frío
de una amarga tibieza,
y la angustia de tantos
y tantos momentos, lejos
de la belleza de la palabra.

¡Maldito invierno
que inicias guerras,
aniquilas viejos,
suplantas verdades
y aportas destrucción y venganza!,
¿por qué tus nubes,
negras y plomizas,
se me aparecían tan lóbregas,
insuflando oscuridad
en los ojos de un
amante furtivo,
que anhelaba abrazarte
seducido por los lamentos
de la hermana menor y pobre
de la corte literaria?

Al fin llegaste
el mismo día que hoy,
algo fría antaño
pero menos agria hogaño,
iniciando el ciclo de
la VIDA

que yo tanto anhelaba.
Tus referencias, credenciales
no precisaban, porque
el Parnaso habitabas,
y aunque el Helicón visitaras
tantas veces como se te antojara,
en mi reina madre
de repente te convertiste.

Eras mi manjar preferido
tanto de día como de noche,
y si llegabas con arrebatos
lastimeros que despertaban
en mi pecho los ahogos
del ser humano,
te acogía una y otra vez
hasta descifrar el llanto
que por doquier afloraba.

Te amé profundamente
cuando Rilke, R. M.
entró en mi celda, cuajada
de obras clásicas, universales
por su caudal de excelencia,
pero fueron sus *Elegías del Duino*
y los *Réquiem*, acompañados
de los *Sonetos a Orfeo*,
los que me reprocharon
no haber aprendido
con solvencia universitaria
la lengua de los teutones.
Era tan elevada
su esencia

que te leía y releía
una y mil veces a la vez
para saciarme con la ambrosía
que un ser humano,
casi divino, diríase, había
elaborado para el resto de vivientes.

A Neruda ya lo conocía
desde los albores de
una juventud castrada:
sus *Veinte poemas de amor*,
o *Los versos del capitán*,
pero, sobre todos ellos,
sacudió mis emociones
el *Epitalamio*:
«¿Recuerdas cuando
en invierno
llegamos a la isla?
El mar hacia nosotros levantaba
una copa de frío».
No sigo porque me emborracho,
al ver que jamás se ha ingeniado
metáfora tan excelsa
asentada en realidad tan efímera.

Pero faltaba Borges
con sus poemas sobre los dones,
el primero con cuartetos,
endecasílabos con rima
consonante, elogiando a los libros;
el otro, más libre pero igual
de hermoso, agradeciendo
«al divino

laberinto de los efectos y las causas»
haber dotado a
«este singular universo»
de momentos, lugares y verdades
junto con algunos genios enterrados:
Schopenhauer y Verlaine,
Séneca y Lucano,
o Whitman y Francisco de Asís.

Los tres juntos cohabitan
en el Paraíso o en el Parnaso
de dimensiones siderales,
mágicamente trasportados
a la eternidad de la memoria,
enemiga de la banalidad,
con una ida sin retorno.

También recuerdo a Machado,
don Antonio,
en su cutre aula de Baeza,
pero luminosa como
el saber que allí impartía.
Sus sabios versos,
musicados por Serrat,
hoy resuenan como martillazos
que despiertan las conciencias
de sus amados paisanos,
y tal vez por eso, compañero,
te obligaron a morir
en un país extraño.

Aunque peor acabaste tú,
Federico García Lorca,

de pelo verde y
alma blanca,
cuando una negra bala,
salida de la ignorancia,
atravesó tu corazón
en las cunetas de Granada.
¿Alguien sabrá alguna vez
dónde está tu cuerpo
para unirlo al
universo de tu alma blanca,
que vivirá eternamente
en tu andarina Barraca,
tu teatro y tus poemas,
tus dibujos y canciones,
o «en un poco de agua pura»
que un día dijiste ser?

Dime, Jaime Siles, de una vez
si «ser y tiempo» con Heidegger
se conjuraron para
inspirarte el primer poema
de tus *Pasos en la nieve.*
¿O fue Th. Mann con
las incontables referencias
en *La montaña mágica*?
¿O quizás el inmortal Virgilio
con el *fugit irreparabile tempus*?
Esos «pasos» te acreditan
como poeta de excepción,
que las generaciones
presentes y futuras
te leerán con admiración.

También tú, L. Alberto
de Cuenca, nos recuerdas
que la distancia
entre odiar y amar
es intangible y efímera.
Después del paraíso
lo confirma, lo mismo
que tardaste en amar la
Belleza.

Gracias a vuestra excelencia
otro mundo conocí
alejado del mundo de aquí.
En verdad no sois solos
los que mi alma alteraron,
también hubo otros
que mi mente incendiaron:
Safo y Kavafis, tan distantes entre sí;
Lucrecio y Catulo,
Virgilio y Horacio;
Ausiàs March, Miguel Hernández
y Salvador Espriu y Pere Gimferrer
entre sí tan distantes;
Baudelaire y Verlaine
y otros muchos del 27.
A todas luces claro es,
que ni están todos los que son,
aunque sí son todos los que están.
Gratias plurimas do uobis.

Castelló, 21 de marzo de 2023, día de la poesía

5
LIBRE

A Cristina

Te quiero libre
como Amancio Prada
predica y canta.
Pero sí mía, (que él niega y rechaza),
para percibir y forjar,
ensamblar y compartir
el sempiterno viaje de
la VIDA.

Eres mía
como yo soy tuyo.

Si con el viento que purifica,
y siempre arropado
por el árbol de la vida,
yo proclamo que soy tuyo
igual que tú eres mía,
¿será porque compartimos
la misma vereda,
sacrosanta y terrenal,
banal y algo divina,
hasta la otra vida —¿quién sabe?—
insustancial y anodina,
inmaterial y eterna?

¿Será porque bebemos
del mismo cáliz de hierro
repleto de amargas hieles
y ácidos sedimentos?

¿Será porque vertemos lágrimas
concurrentes, cuando
gritamos demasiado,
nos salimos de la tangente
y al instante retornamos
al sendero de la vida
que entrambos construimos?

¿Será porque reímos por contagio,
si algún día nos equivocamos,
deseando lo extraño
de una noche bochornosa?

Será por eso, digo yo;
y si no lo es,
al menos lo parece.

Castelló, 31 de marzo de 2023

6
LAS MANOS

A María y Paula

Tus manos son de cristal
transparente por esa luna
pudorosa que brilla al anochecer,
tan limpias y luminosas
como el agua de manantial.
Con ellas acunaste a oscuras
las mejillas de tus hijos,
y también las alzaste
a las puertas de los cielos
suplicando que te concedieran
un regalo germinal,
aunque los dioses, enojados,
o, ¡quién sabe!, tan
solo malhumorados,
desoyeron tus plegarias
para atender otros
frentes, incendiados
o tan solo agitados.
Pero en su sagrada mente
depositaron
tus súplicas y lamentos,
y más de treinta años
después, te obsequiaron
con una dádiva ingente
que colmaría tus anhelos,
por su refulgente hermosura
y su radiante candidez.

Venus llegó primero
con sus ojos cristalinos
de azabache impregnados,
y una sonrisa que trasmite
amor y confianza.
Terpsícore[26] tardó en llegar
con sus flores y su lira,
dulce como la miel,
danzando en la morada del
Parnaso, y siempre volando
a caballo de Pegaso.

Castelló, 2 de abril de 2023

---

[26] Musa de la danza en la mitología griega.

7
El mar / la mar (IV)

El débil susurro de tus olas
placenteras yo percibía,
al cruzar por la Almadrava
esta mañana de viernes
creyendo que al verme sonreirías.

Pero dos gorriones inocentes,
que hablaban entre sí,
caminando por el pretil,
o mejor diría, bailando,
me atraparon relucientes.

Pronto echaron a volar
temerosos de mis manos,
aunque no sabían ellos
que solo quería oírlos cantar.

No cantaron,
sino que veloces huyeron
buscando la densa arboleda;
mas, de repente
se estrellaron contra
los ladrillos, el hormigón
y alguna que otra colmena.

Al perderse en la lejanía,
me acerqué demasiado a ti
esperando que tu dulce murmullo,
tan débil en aquel trance,
se quebrara cual frágil alhelí.

Al instante se frustró mi anhelo
pensando que te estremecerías,
o quizás de mí te reirías
porque tu sal no me servía de consuelo.

A tu abismo mansamente empujabas
la pulcra arena dorada
sin que el pie humano la hollara
ni el constante movimiento
de una grácil gaviota palmeada.

Miré y remiré tu sagrada orilla,
cual alma virgen y casi sin mancilla,
grité mil veces que te añoraba
porque un deseo cruel me atormentaba,
pero mi insufrible ardor se confundía
con los tristes sones de una melodía.

Era ya muy tarde, demasiado tarde
cuando descubrí que te quería,
y si es verdad que por ti moría,
de ello nunca jamás hice alarde.

Adiós, vieja Almadrava,
muy pronto volveré a verte.

Castelló, 19 de mayo de 2023

8
LAS PERAS DE CRISTAL

A mis primos y hermanos, Pepe y Manolo

Os vi brillar en el estante
y de repente perdí la cabeza;
tan solo fueron cuatro piezas
las que compré al instante.

Vuestro aroma seductor
de fruto sazonado
me recordaba
mi feliz infancia
de otro mundo en color,
cuando de la nada vivía,
porque de esa nada
mil flores recogía,
todas ellas llenas de fragancia.

El peral al que de niño
ágilmente me encaramaba,
estaba seco
cuando el otoño aparecía,
mas la savia
remontaba, vigorosa,
cuando en primavera florecía.

Éramos niños y nada sabíamos
del milagro de la naturaleza,
pero ella siempre volvía

al alargar el día
sin saber que esa savia,
desconocida y siempre oculta,
era la que la vida traía.

La flor blanca del peral,
que pronto en fruto verde
se convertía,
fascinaba, que yo recuerde,
a los niños del cañaveral.

Porque los bambúes y las cañas
eran las armas de guerra
que enarbolaban por sus tierras
para remover sus entrañas.

Mas el peral, verde y opulento,
teñido de frutos verdirrojos,
esperaba en el mágico sendero
para saciar las ansias inconfesas
de unos niños candorosos.

Eran sus peras de cristal
las que el paladar endulzaban,
crujiendo en sus tiernas bocas
cual si fueran de metal.

Peras nuevas, viejas peras,
siempre fuisteis y también seréis
ese manjar tan exquisito
que las penas aliviar podréis.

Castelló, 4 de junio de 2023

9
LA ALMADRAVA
(Visión de un viandante tras la pasada tormenta primaveral)

Quién te ha visto
y quién te ve, mi querida Almadrava.

Eras un inmenso arenal
que a propios y extraños
invitaba al paseo matinal,
y a los gorriones saltarines
a travesear con descaro
ante la atónita mirada
del turbado viandante.

Porque hoy te has convertido
en una extensa laguna
atrapada por la fuerza de la mar,
o, tal vez, por una colosal tormenta
que arrastró hasta las profundidades
más remotas las doradas arenas
que antaño cual tapiz te cubrían.

Me disgusta tu hechura,
imagen viva de la sinrazón
por generar falsa expectación
al romper su primitiva estructura.

Pero deja ya de lamentarte,
mi dulce y añorada Almadrava,
si tus cálidas arenas mi calcañar
ya no pueden acariciar,
porque una máquina ruidosa

trabaja día y noche
para vestirte de nácar
y muy pronto devolverte
a tu esplendor refulgente.

Entonces sí, cada mañana
de nuevo, dulcemente acogerás
mis trémulos y lentos pasos
que gozarán diariamente
de tu brillo acogedor.

Castelló, 6 de junio de 2023

VII
VERANO DEL 23

I
Skorpios

Apareciste de repente,
excelso bloque azulado,
lleno de inquietudes y misterios,
con tus secretos muy bien guardados.

En la calle Baladres te construyeron
y las adelfas florecientes,
recuerdo de un pasado ignoto,
jalonaban tu salida angosta
a la esponjosa y blanca arena
de una playa esplendorosa.

Esa ingente colmena azul y blanca
se llenó más pronto que tarde
de conjuntos variopintos,
venidos unos de muy cerca,
también otros de Valencia,
o del centro peninsular.

Las jóvenes parejas
sonreían con sus ojos
almibarados
y pestañas
almidonadas,
sin lágrimas de envidia
y hartas de rezar,
pidiendo al gobernante
que paz eterna instaurara
para seguir riendo siempre
y aprendiendo a cantar.

Entre tus desvaídas paredes
de argamasa y metales duros
dejamos media vida, casi,
alentados por sueños y vanos placeres,
que fraguaban amistades simples
o sempiternas, cual quereres.

Cincuenta años ya pasados
hoy se miran entre sí
los que quedan de antaño:
pestañas bajas
y ojos avinagrados,
cuerpo débil
y andares descompasados.

De aquel Skorpios primoroso
la vieja guardia se va alejando,
tan solo troncos secos va dejando
en un entorno nada venturoso.

Benicàssim, 25 de junio de 2023

2
RECUERDOS EFÍMEROS

A Mila y Alberto

Flor sagrada, linda flor,
acércame tus rosados labios
que me muero por tu amor.

Era aquella una juventud loca e imberbe
luchando siempre por parecer y merecer,
pero viendo rojo lo que en esencia era verde.

Es por eso por lo que la tonta mansedumbre,
apariencia simple y desnuda de virtud teologal,
aniquila sin piedad al que está en la cumbre.

Los amigos rezaban y cantaban cada día,
todos juntos sin recato y con ardor,
buscando los dulces sones de una melodía.

Las muchachas corrían cual agua primaveral,
cada domingo calle arriba y calle abajo
con deseos inconfesos entre la bruma otoñal.

Se perdieron mil deseos y cien amores
al volar el tiempo de años tan oscuros
dejando una estela de frustración y dolores.

Benicàssim, Benicàssim, remanso de paz interior,
a recordar con placer me invitas
los tiempos tan lejanos de aquel joven soñador.

Son tus playas arenosas refugio contra el sol,
pero si la luna las ilumina tenuemente
los chavales entonan cantos en si bemol.

Flor sagrada, linda flor,
acércame tu talle esbelto
que me muero de puro amor.

Benicàssim, 1 de julio de 2023

3
EL DOLOR

A Rafa Vicente

Dolor, que vas y vienes
sin rubor,
o te quedas adosado
a una frágil estructura,
¿por qué no te vas
al cuerno
y dejas ya de agobiar
a un amasijo de
huesos, venas y tendones
que ya no sabe
si vive o muerto está?
Aunque dicen que respira,
sueña, grita y suplicando va,
sus deseos y congojas
vuelan raudos, sin demora,
al cajón de la inanidad
esperando que otro ente,
con mente firme y mano caliente,
cambie el deseo en pura realidad.
No se trata del intenso dolor de muelas,
el que sin piedad te atormenta,
sino del que se ha colgado de tu hombro
cual mochila sudorosa y polvorienta.

Benicàssim, julio de2023

4
Un paseo matutino

Hoy un mar en calma invita al paseo
cuando marcan, sin saberlo, las diez y diez,
o a descubrir, tal vez, sus oscuras entrañas
que añoran al escurridizo y brillante pez.

Si camino lentamente
hacia el lejano horizonte
de un sereno sol naciente,
no advierto su basculante movimiento
que mi torpe andar perturbe ferviente.

Tus olas diminutas, mar inquieto,
que hoy semejan una llanura en calma,
no alcanzan la empedrada escollera,
sustituta del difunto Puerto Carpi.

(¡Puerto Carpi, viejo puerto!,
mucho me hiciste sufrir
cuando perseguía a un osado niño
que sin alas volaba por tu ajado pretil).

Hoy son tus aguas cálidas de color azul verdoso
las que deslumbran al añoso nadador
cuando reciben los rayos, casi verticales,
del astro rey vivificador.
¡Dulce baño que reconfortas
una triste y desplomada osamenta,
no permitas que su mente afinada
muera de angustia en la noche de tormenta!

Mas, si invierto la mirada, macilenta y decaída,
desde el lejano oriente al occidente contiguo,
descubro asombrado un entorno nada ambiguo
que vibrar me hace como nunca en la mañana:

Villa Victoria, su majestad, esplendorosa emerge,
como símbolo de aquel modernismo reluciente,
entre dos araucarias esbeltas e imponentes,
algo chata la una, y la otra, afilada, en el cielo se sumerge.

Pero más allá de los Skorpios[27] algo azulados
se proyecta hasta el cielo una pétrea aguja,
mole santa que de lejos nos embruja, aunque
de cerca nos asombra y nos deja anonadados.

Benicàssim, 14 de julio de 2023

---

[27] Bloque de apartamentos, residencia veraniega del que suscribe.

5
IMPOTENCIA

A la inspiración

¡Cuántas veces, alma mía,
el vuelo alzar quisiste
pero jamás, jamás pudiste
encumbrarte con valentía!

Musa joven, que vas y vienes,
cada mañana sin cesar,
transpórtame a otro mundo
donde pueda yo rezar y cantar.

Bien en casa o en el coche,
mi mente avivar pretendo,
y aunque mucho lo intento
quedo siempre como un fantoche.

Mas anhelo con firmeza abrazarte,
buscando cada día y cada noche
tu sublime cima sin derroches
y al fin lograr con dulzura conquistarte.

Benicàssim, 25 de julio de 2023

6
El alma libre

El sol da vida,
pero también mata.
Su falso rumbo
engañó a otros seres
que creyeron
en la tierra firme
como centro
del universo todo.
Hoy sabemos
que la tierra
no es tan firme,
sino que se mueve
alrededor del sol,
de un sol que cada día
parece que se acerca
y más intenso es.
La ciencia ahora
progresa mucho
y demasiado deprisa va,
para que mil y un
satélites espaciales
nos vigilen de verdad.

Si piensas que tu alma pura
libre es como la del gavilán,
muy equivocado estás:
son cien mil ojos
los que te vigilan
para que no te desmadres

nunca jamás,
y tomes el luminoso sendero
que te aleje del vertedero.

Benicàssim, 29 de julio de 2023

7
La higuera

A mi padre, labrador, que cada día, a finales de verano,
nos regalaba al atardecer un cestito de higos dulces
y maduros para cenar.

Al poeta Miguel Hernández cobijaste
en el huerto íntimo de Orihuela,
y R. M. Rilke te encumbró,
higuera imponente,
cuando vio tu savia
ascender y descender
hasta una flor, que imaginó
en primavera florecer,
aunque nadie vio
jamás nacer.

¿Por qué apareces siempre,
higuera deslumbrante,
en la alquería de labranza,
protegiendo sin saberlo
su puerta adintelada,
y esperando que su dueño,
sudoroso, repose en la sombra
que en silencio le regalas?

Son tus hojas desmedidas
las que impiden en rigor
a los rayos solares pasar,
dando vida al humilde campesino
si un minuto quiere descansar.

Voces sabias dicen
que tus hojas generosas
el viento invisible suelen encauzar
hasta acercarlo en un momento
a ese rostro polvoriento
que consigue aliviar.

Pero es tu negro fruto,
adobado con miel y néctar,
el que, sin quererlo ni saberlo,
hermana al viejo campesino
con el festín de los dioses terrenales,
ya que siempre lo comieron,
tanto seco como en sazón,
en las riberas mediterráneas
desde Málaga a Estambul.

Benicàssim, 30 de julio de 2023

8
Elogio de las nubes

A C. Teresa Pabón

¿Quién pudiera cabalgar
en una blanca nube
que te transportara
por los cielos,
lejos del estruendo,
de la pompa y del ruido,
odiosos al ser humano,
cuando busca con deleite
los destellos que irradia
un amor de juventud?

Porque son las nubes blancas
las que ayudan y empujan
a soñar y caminar
en la ingravidez de los cielos
muy cerquita de la mar.

Ellas son vistosas y lucidas
si circulan por las alturas,
libres de peligros y de angustias
en el horizonte más cercano,
ocultando avergonzadas
las sublimes cimas protectoras,
y abrazando suavemente
la espesa y agreste arboleda
que fecunda esas cumbres tan loadas.

Si se alejan por oriente
y reposan, sudorosas y apretadas,
sobre el anillo de les Columbretes[28]
pierden toda su hermosura y sutileza
para quien las contempla desde la costa
con asombro y agudeza.

Mas, si en cierta ocasión
alguien observó con atención
la grandeza de la luna llena
semejante a una inmensa lenteja,
no es raro que advirtiera
cómo la cortejaban nubes de chocolate,
no más grandes que una celeste almeja.

Benicàssim, 1 de agosto de 2023

---

[28] Islotes a escasos kilómetros de la costa castellonense, el mayor de los cuales tiene forma circular. En los días luminosos se pueden ver desde el Desierto de las Palmas.

9
EL MOVIMIENTO INFANTIL

A Kai y Oliver

El verano llegó tan pronto
como se fue la primavera.
Para aliviar los calores escolares
la azulada piscina comunal
os acogió complaciente,
gozando en ella sin temores
entre risas, gritos y alegres cantares.

Kai, ya experto, acompañante no precisa
cuando bucea como la frágil lisa;
Oliver, en cambio, con apenas dos añitos,
nada sabe todavía de nadar y bucear,
requiriendo la ayuda de su padre
para poder el agua alcanzar.
Porque si su *abu* lo retiene
más de un trago *pa* dentro va,
provocando efectos angustiosos
que al niño por toser le da.

Si a Benicàssim, ansiosos, se desplazan
para gozar del verde azulado de la mar,
antes se rebozan en la arena esponjosa
y construyen o destruyen con sus manos
efímeras fortalezas o castillos al azar.

Ángeles son, sin saberlo, con sus mentes
evanescentes, que nos recuerdan
viejos tiempos de indignidad,
cuando el brillo de la vida
aferrado estaba a la falsa libertad,
deseando que un soplo de nubes frías
nos trajera sempiterna lluvia fina.

Cuando la ternura de unos niños se aleja
de la casa, una paz estéril
se adueña e impregna el viejo hogar,
semejante a una lluvia inútil
que impide a los abuelos tan siquiera soñar.

Benicàssim, 8 de agosto de 2023

10
EL BAILE DE LOS PECES

El incesante mar que en la serena
mañana surca la infinita arena

BORGES; «EL MAR», *EL ORO DE LOS TIGRES*

Hoy no brama el altivo dios marino,
reposa mientras duerme tranquilo
en las profundidades oscuras del mar
tan alejadas de la costa soleada.

Los andares matutinos invitan a soñar
o a bañarse placenteramente
en las termales aguas del viejo torreón
del que parte y se aleja un compacto espigón.

En el remanso de tu rada me adentro
fiel a mi vieja costumbre veraniega,
hollando la suave arena que a mí se pliega
y avanzando con pie firme, pero efímero.

Si la orilla era sinuosa y refrescante,
el agua diáfana que cubre mi cintura
deja ver el fondo marino y su textura,
ondulada y mutante, pero nada mareante.

Se produce al instante un milagro asombroso
que mi mente transporta a un pasado muy feliz,
cuando observo que unos peces tatuados intentan
lamer mis pies con quiebros ingeniosos.

Si remuevo con nulo esfuerzo la arena esponjosa,
aceleran sin control sus vivaces movimientos,
buscando tal vez comida o algún tipo de placer,
al tiempo que remedan un fingido baile entre el hombre y la mujer.

Benicàssim, 12 y 13 de agosto de 2023

11
DESEOS IMPOSIBLES

La montaña está muy triste
porque no la puedo coronar en un día;
ya solo me quedan las ansias
de dormir dulcemente
tumbado en sus sagradas rocas
sin la ayuda de un hábil guía.

Es ahora el agua hervida y salada
la que cada mañana me abraza,
al final de un camino sereno
salpicado de chinitas doradas.

Si pudiera mi cansada alma
en un suspiro juntar
las blancas rocas del monte
con el agua salada del verde mar,
remaría hasta la luna
para allí depositar
unos fajos de adelfas rojas
que las hicieran perennemente brillar.

Benicàssim, 20 de agosto de 2023

12
LA TRANSFIGURACIÓN

Almadrava de mi alma,
mi adorada Almadrava,
¡quién te ha visto y quién te ve!
Parecías ayer un arenal endeble
y hoy eres una marisma en calma.

Al verte esta apacible mañana
caminando bajo un sol intermitente,
soñé que era el niño del cañaveral
deslizándose sobre tus aguas estancadas
en tabla de madera guineal
para alcanzar las olas indomables
que azotaban todo el litoral.

Pero fueron los gorriones saltarines
de aquel adverso mes de mayo,
desafiando de nuevo la paciencia humana,
los que me devolvieron la consciencia
pidiéndome con enervante insistencia
unas migajas de pan y un sorbo de agua sana.

Mi memoria dice que eran más de veinte
cuando la manada en tropel me cortejaba,
pero el agua que yo avistaba,
aunque muy cerca de mi estaba,
tenía la sal como componente.
No pude darles de comer ni de beber
porque el arenal se había transfigurado
y el zurrón que yo llevaba nada contenía,

pero sabía que lograrían con premura
saciar su hambre y su sed,
porque nunca muere un gorrión
arrinconado en una simple pared.

Benicàssim, 3 de septiembre de 2023

13
UNA AUTOPISTA MARINA

Tu constante reflujo marino,
mar inquieta y bulliciosa,
mi estabilidad incomoda y acosa,
y la hace zozobrar como el huracán a la rosa.

Te multiplicas con estruendo repentino
y mil caras ofreces al paseante
como fuerza sempiterna y pujante,
arrastrando hasta la orilla sinuosa
con el arma invisible y poderosa
de tu incesante y perenne movimiento
la volátil y finísima arena.

Porque eres bella muy de mañana,
pero no menos al atardecer,
aunque te irrites por de noche
y superes sin esfuerzo la muralla
de la volátil y blanca arena.

Endurecida queda al instante
la arena cercana al litoral marino,
y si el riego de la oscura noche
ha sido intenso y continuado,
aliviará el paso triste y cadencioso
del mohíno y fatigado viandante.

Porque una enorme autopista imaginaria
sustituye, sin saberlo, al esponjoso arenal,
donde jóvenes y viejos se cruzan con paso cabal,
sin que nunca puedas ver una niña sedentaria.

Benicàssim, 14 de septiembre de 2023

14
Mi entorno
(*La mar y la montaña*)

Vivo porque me sustentáis
y me aflijo cuando ya no estáis,
persigo al instante vuestra sombra,
fiel reflejo de unos entes poderosos
que perduran noche y día
sin apenas cambiar su entorno.

A mi izquierda, según se mire,
se sitúa la mar azulona e inmensa
que conduce hasta Creta y Micenas,
cuna de mil pueblos y colonias,
pero, ante todo, de la poesía y la ciencia.

Llanura y camino recto eras
para expertos navegantes,
que buscaban presurosos
tesoros ignorados y anhelados
o vírgenes aceites refinados,
pero siempre se topaban
con la higuera umbrosa y gratificante.

Las raíces culturales y eternas
sembrasteis en Ampurias y Akra Leuke,
y en la Hiberia fértil arraigaron
sin ningún esfuerzo ni dolor.

Es por ello por lo que os amo
sin guardaros un suspiro de rencor,
esperando llegar a Ítaca
entre la mar y la montaña
que me arropan y dan calor.

Si en verano os abrazo y os piso,
en otoño os contemplo y os admiro
cabalgando en barca engalanada
o en coche gris metalizado,
que me lleva sin esfuerzo
a un oasis repleto de arbolado.

Benicàssim, 23 de septiembre-1 de octubre de 2023

15
DESCUBRIENDO LA VIDA
(Y recordando a María)

Caminabas sobre ascuas
en un mundo convencional
cuando el fuego ardiente
que todo lo devora
ni siquiera acariciaba
tu piel dorada y suave.

Tus pasos indecisos,
de inmenso pudor
impregnados,
arrancaban falsas ilusiones
a la peña conjuntada
en los bancos del verano.

Era tu melena azabache
la que al mismo viento provocaba,
sin oír ningún reproche
del cielo azul que te amparaba.

Día a día y semana tras semana
recorrías el camino espinoso
que a la gloria eterna te aupaba,
sin saber que, tras los bancos,
unas mentes encandiladas
con ardores juveniles
mil patrañas ingeniaban,
pero siempre respetaron
tus andares presurosos
hasta el otoño entrante.

¿Quién sabe si tu alma vacilante
podrá, algún invierno,
descubrir al colega virtuoso
que aplaque, minore y compase
tus impulsos, tus deseos y andares
en un fugaz y mágico instante?

Porque esa es, mi dulce niña
aunque ya mujer, la vida que te espera
en un mundo convencional
y a menudo mareante.

Benicàssim, 4 de octubre de 2023

16
DE MACHÍN A BEETHOVEN

A mi hermana Carmen

Mi hermana
fue un ángel,
que me descubrió
los placeres sensoriales
de canciones inmateriales
fugaces como el viento.

Pero fueron otros
Angelitos negros,
del cantante Machín, don Antonio,
la copla más desafiante
que mi alma cautivó,
y a partir de aquel instante
en mi casa resonaron
una y mil veces
los sones de aquel cantante.

Apenas si yo tenía
ocho junios nada más,
y el instinto me condujo,
sin esfuerzo ni estudio,
a formar con ella un dúo
que alcanzaba sin saberlo
unas metas que en la nada yo sitúo.

Ese fue sin duda
el origen de un impulso,
ciego y vibrante,
por la música y su arte
que acabó por transportarme,
con la levedad de un momento,
al sosiego y a la calma
de la sexta sinfonía *Pastoral*
de un Beethoven siempre eterno.

Benicàssim, 7 de octubre de 2023

17
El amor

Llegad a la meta al mismo tiempo.
Ovidio, *Ars amatoria II*

¿Qué es amar,
se pregunta dubitante
la bisoña principiante?

Amar es llorar,
amar es sufrir,
amar es sentir,
amar es gozar,
amar es fingir,
amar es soñar.

Todo esto y doscientas cosas
más causa el amor
si te atrapa en sus redes,
dulces y efímeras, o
tal vez repletas de dolor.

Te han descrito siempre
como la pasión absoluta,
y los mitos inconcretos
de la Grecia más antigua
situaron en Babilonia
los arrebatos de Tisbe y Píramo,
que en la Edad Media se
perpetuaron con Eloísa y Abelardo,

culminando en el Renacimiento
con Julieta y Romeo,
y ni siquiera Teruel
se olvidó de sus amantes.

Si algún día Venus presurosa
a tu alcoba se asoma,
nunca busques la gloria inmensa
de unos mitos ingeniosos,
más bien atrapa sin dudarlo
la ocasión hermosa y placentera
que se evade en un instante.

Benicàssim, 8 de octubre de 2023

18
El mar / la mar (V)

El amor perdura más gracias al arte.
Ovidio, *Ars amatoria III*

¿Qué es el mar?
Un soplo de sensaciones
que te hacen soñar
y volar.

Su agua transparente,
que se mueve
sin cesar,
deja ver al pez
tatuado de negro
cuando roza la superficie
para alertarte no más
sobre el color de su dominio,
que te presta amoroso
porque amigo tuyo
tan solo quiere ser.

Pero son los rayos fulgurantes
de ese sol tan radiante
los que traspasan el agua
hasta las sinuosas arenas
de un baile semoviente.

Es el mar en un nueve de octubre,
valenciano por su identidad,
que ha transformado un sueño
en brillante realidad.

Benicàssim, 9 de octubre de 2023

VIII
OTOÑO CALUROSO

I
El cementerio

Mis padres, expectantes,
anhelaban el perfume de mis rosas
desde su mini casa reluciente
en el cementerio municipal
de su Almassora natal.
Hoy es domingo, veintiocho
de octubre
y llegamos a las tres
en punto de la tarde.
Miles de despojos
reposan silenciosos
en sus nichos horizontales
sin oír el estruendo
de las bombas
que, a diario,
quebrantan
vidas incipientes
o adultas decrecientes,
tan solo pendientes
de unas flores otoñales.

Los cipreses centenarios
con su austera belleza,
émulos de un silencio monacal,
apuntan como lanzas
al cielo azul opaco,
un tanto atenuado
por la volátil bruma otoñal.

Con sus troncos rugosos
y no menos añosos,
jalonan estoicamente,
cual guardias impertérritos,
las parcelas inmediatas
cuando al recinto te asomas.
No son blancos,
como Rilke imaginó,
sino verde-oscuros,
con algún fragmento
marrón claro
que el tiempo lo secó.

El frágil silencio
del camposanto
me estremeció fugazmente
al ver que casi nadie
había regresado
con ramos de rosas,
margaritas o claveles.
¿Se habrán olvidado
el resto de vivientes
de que los muertos
perviven siempre con nosotros?
Porque fueron ellos
quienes nos engendraron
y parieron,
los que nos llevaron
de la mano a la escuela,
los que nos regalaron
la sal y el azúcar
imprescindibles
para empezar a vivir.

Por todo esto
y por mil cosas más
nuestros padres
piden a gritos sin hablar
unas rosas frescas
que alivien
su soledad.

Castelló, 31 de octubre de 2023

2
LA PALABRA EMBELESA

Dulce es la palabra
y hermosa,
también para el ignorante
que admira anonadado
los mensajes del actante.

Dulce es la palabra
que el artista
dirige a su modelo
por perder todo su anhelo
de algo que siempre quiso ser.

Dulce es la palabra
con la que la madre
prepara a la hija
para adentrarse
en la selva virgen
de este mundo bicolor.

Dulce es la palabra,
cándida o sencilla,
del amante o del amigo
que traspasa sin lamentos
ni sollozos lastimeros
las fronteras permeables
del amor más sincero.

Dulce es la palabra
con la que el niño imberbe,
sin ambages ni rodeos,
implora a la madre que más quiere
que le muestre su cariño.

Dulce es la palabra
con la que el maestro alecciona
al discípulo acongojado
que desea en silencio
sorber el agua limpia
de manantial no contaminado.

Dulce es la palabra,
libre de sal y de pimienta,
del amargor y la tristeza
del infértil pasado.

Castelló, 7 de noviembre de 2023

181

3
La mariposa blanca

A la Madre Naturaleza

Años hace que no te veía,
blanca mariposa moteada,
pero al fin llegó el día.
Irrumpiste en mi camino
cuando apenas eché a andar,
siendo ya las doce del mediodía,
mientras resonaba una débil melodía
que invitaba a soñar.
Yo tan solo descansaba
en un duro banco del paseo
cuando dos mariposas blancas
ejecutaron un impecable
baile nupcial
que atónito seguí
con la mirada,
pensando que antes nunca vi
nada igual.
Se acercaban y distanciaban
a ritmo acompasado,
y parecía que se incitaban,
o quizás se rechazaban,
ascendiendo hacia el cielo
en subida vertical,
hasta que el miedo a las alturas
tanto las juntó
que la cópula efímera y banal

alocadamente las alejó
a horizontes diferentes.
Nunca antes había visto
fenómeno semejante,
junto a la brisa marina
suave y refrescante.

Castelló, 15 de noviembre de 2023

4
Un paseo otoñal

Noviembre caluroso,
cambiaste tus virtudes
de abrigo loden esencial
por una camisa sin mangas
de corte primaveral.
Me acerqué al Benicàssim
con adelfas, simplemente
para contemplar
la hermosura de la mar.
Era una inmensa
laguna sin apenas
movimiento,
que invitaba a dos bañistas
a meterse muy adentro,
con sus olas diminutas
pidiendo, casi, perdón
para poder estrellarse
contra la arena del litoral.
Un silencio monacal
impregnaba el paseo,
solamente alterado
por el ruido celeste,
sin apenas paseantes
que pudieran con sus voces
perturbar
una paz tan abismal.
Mi amada Almadrava
recién peinada estaba,
y tres gorriones engordados

tan siquiera se acercaron
para posarse en mi vera
y darme un piquito en la mano.
Seguí el camino malhumorado,
mas, de pronto, mi semblante
cambió en un instante
cuando vi un milagro,
tan sorprendente como inusual:
cuatro madres jovencitas,
alineadas en horizontal
que arrastraban el cochecito,
con sus bebés colgados,
emulando al canguro,
de su generoso pectoral.

Castelló, 15 de noviembre de 2023

5
HORROR BELLI (II)
Recordando a todos los miles de niños palestinos
vilmente asesinados

Ahora ya no sufren,
tan solo mueren
sin gemir.
Ahora ya no lloran,
porque ni siquiera saben
que van a morir.
Ahora ya no sonríen,
porque tampoco son capaces
de esconderse o de huir.
Ahora ya no hablan,
porque se quedan sin palabra
para poder maldecir.
Ahora ya no comen,
porque no les queda nada
para querer vivir.

Tan solo les queda matar
o morir.
Si matar tampoco saben,
solo les queda
morir,
morir
o morir.

¿Para qué hemos nacido,
se preguntan zozobrosos,
si otra cosa no nos queda más que
morir,
si otra puerta no tenemos
para escapar o salir?

Bombas asesinas,
¿qué mortal os fabricó o disparó
para que tantos niños indefensos
entren mudos en el cielo,
buscando una madre o un padre
que no supieron o no pudieron
defenderlos ni alejarlos
del terror tan infinito
de unas armas tan letales?

Castelló, 18 de noviembre de 2023

6
El *ballet*

A Paula Beltrán

Si la ingrávida gacela
al instante bailar quisiera
y el honor del grupo pretendiera,
echaría una sutil mirada
y pediría fiel consejo
a mi dulce damisela.
Porque es su levedad precisa,
hermana de la alta palmera,
la que impregna sus movimientos
y acompasadamente se cimbrea,
haya o no haya viento.
Tus tiernos años, Paulita,
nada son ahora
cuando ensayas con tesón
y sigues el rumbo marcado
para alcanzar la perfección.
Si Paulova quieres ser
buscando solo la quimera
del aplauso lisonjero,
abandona ya los dulces juegos
de tu inmaculada niñez
y pon el alma en el empeño
para que jamás se altere
tu frescura sin altivez.

Quisiera que tu sonrisa,
perenne fuera y cándida
y que un grácil soplo de ternura
se perpetúe hasta tu anhelada madurez.

Castelló, 20 de noviembre de 2023

ÍNDICE